질문은 내려놓고
그냥 행복하라

질문은 내려놓고
그냥 행복하라

꺾이지 않는 마음을 위한
인생 수업

알렉상드르 졸리앙 지음
성귀수 옮김

Petit traité de l'abandon

월요일의꿈

있는 그대로의 삶을 받아들이는 법

안녕하세요, 여러분 모두를 환영합니다. 여러분께 이렇게 이야기를 하게 되어 무척 행복합니다. 저는 글쓰기가 점점 힘듭니다. 어떤 날에는 컴퓨터 자판이 마치 고문 도구처럼 보이기도 하죠. 반면 입으로 이야기를 하면 삶의 흐름을 타는 기분이랄까요, 실존 속에 자신을 내려놓는 느낌을 맛볼 수 있습니다. 그래요, '내려놓는다'는 말…… 책이나 대화에서 쉽게 만날 수 있는 표현이지요. 역설적이게도, 저에게는 그것이 아주 거창한 삶의 기획을 의미합니다. 현실을 더 이상 부정하지 않는 법, 결국에는 나를 지치게 만들 뿐인 싸우고 발버둥치는 짓을 그만두고, 있는 그대로의 삶을 받아들이는 법 말이죠. 그것이 이제부터 제가 여러분께 들려드리고자 하는 이야기의 주제랍니다.

　제가 세 살 때 들어간 장애인 요양시설에서 모든 것이 시작됩니다. 태어나면서부터 저는 뇌성마비를 앓고 있었지요. 대뜸 이 말부터 하는 것은, 어서 빨리 그 문제를 뛰어넘어 다른 이야기로 건너가기 위해서입니다. 평생을 악착같이 붙어다니는 그 이미지로 저라는 한 인간이 축소, 고정되는 것이야말로 제 인생의 가장 큰 상처 중 하나이거든요. 누구든 저를 바라보는 순간, '장애인'이라는 단어가 머릿속에 떠오를 테니까요. 그 시련, 제 의지와는 무관한 그 장애로 인해 17년 동안을 저는 요양시설에서 불구자로 살아야 했습니다. 그런데 부모님과 떨어져 지내야 하는 극심한 고통 가운데서도, 참으로 놀라운 사실들이 저를 감동시키는 거였어요. 예를 들어, 전신이 마비된 사람들이 더없이 충만한 즐거움을 누리며 살아가는 겁니다! 저도 당장 그런 즐거움을 맛보고 싶었죠. 그때부터 제 삶의 모토는 '무조건적인 즐거움을 누려보자'였어요. "의연하게 행동하고, 스스로를 즐겨라"*라

---

* 　스피노자,《에티카》제4부, '정리 50'의 주석

는 스피노자의 명언이 그런 제 인생 목표와 일맥상통하는 셈이죠.

오늘 저는 책으로 꽉꽉 들어찬 제 서가를 보면서, 영혼의 풍요로움이란 '채워넣음'보다는 '비워냄'을 통해 이루어짐을 깨닫습니다. 그리스 철학에서 말하는 '진보'라는 개념을 좋아했던 적이 있습니다. 철학자들이 스스로를 '진보하는 자', 즉 지혜를 향해 한 발 한 발 나아가는 자라 여겼다지요. 그런데 제가 보기에 지혜란 이미 사물의 본질 속에 자리 잡고 있습니다. 저 자신보다 앞서 제 마음 깊숙한 곳에 움트지요. 불교 신자들은 우리 모두가 불성佛性을 가지고 있다 말하는데, 참 훌륭한 생각입니다. 하나의 인격을 만들어 세운다거나, 즐거움 혹은 안정을 찾아 밖으로 나서는 것이 아니라, 자기 안으로 뛰어들고, 깊은 내면으로 가라앉아, 그곳에서 희열과 평화, 궁극의 선을 취하라는 얘기지요. 우리는 모두가 붓다입니다. 버스 안에서 제 몰골을 보고 키득거리는 아가씨나, 가장 심한 상처를 입은 사람조차 '불성'을 가지고 있습니다. 불교 신자들의 이 소중한 깨달음은 하루하루 저를 변화시키지요.

저로 하여금 사물의 본질에 가 닿아, 존재에 자신을 완전히 내맡기도록 해주는 몇몇 삶의 궤적을 짚어보는 뜻에서, 이제 아주 자유롭고도 경쾌한 사색을 진행해볼까 합니다. 오늘날 제 인생의 중요한 숙제는 내려놓는 법을 배우는 것입니다. 앞으로 살펴보겠지만, 내려놓는다는 것은 결코 포기나 단념이 아닙니다. 오히려 그 반대이지요. 지금 이 순간 자신을 흔쾌히 내려놓을수록 더 능동적이 되고, 삶의 여러 상황에 보다 적절히 반응할 수 있습니다. '내려놓기'를 위한 소박한 학습서라고나 할까요. 저만치 앞서가는 삶의 즐거움에 우리를 데려다줄, 간단하고 소박한 과정이 이 이야기 속에 단계별로 제시될 겁니다. 더는 삶과 드잡이하지 말고, 누군가가 되려고 애쓰지 말아야 한다는 것을 저는 매순간 실감합니다. 어떤 아쉬움도 안타까움도 없이 그냥 그대로 있는 것, 그것이야말로 가장 능동적으로 사는 길이거든요.

영혼이 밟아야 할 과정에 정해진 길이란 없습니다. 매뉴얼 같은 게 있을 리 없지요. 오로지 매일매일 치러야 할 일상의 고행이 있을 뿐입니다. 자기 자신으로부터, 다시 말해, 스스로 뒤집어쓴 가짜 이미지들, 진짜 현실을 가두어버린 자의적 판단들로부터 벗어나기 위한 시행착오 말입니다. 본격적인 이야기로 들어가기에 앞서, 니체의 《즐거운 지식》에서 제가 좋아하는 구절을 하나 인용해볼까 합니다.

"오로지 너 자신만을 따르라. 그리하면 나를 따르게 될지니."

차례

내려놓기,

나에 대한 꼬리표는 내가 아니다

✕

그대가 앉아 있을 땐, 앉아 있어라.

그대가 서 있을 땐, 서 있어라.

그대가 걸을 땐, 걸어라.

무엇보다 서둘지 마라.

– 운문

◑

요양시설에서는 저에게 자꾸 '나를 내려놓으라'고 했습니다. 그땐 그게 구박하는 소리로 들렸지요. 많은 교사들이 하는 얘기가 "삶을 받아들여라!" "그냥 놓아버려야 한다!"였습니다. 요즘 들어 삶을 받아들이는 것, 자신을 놓아버리는 일에 관한 책들이 참 많이 나오더군요. 그러다 보니 그 또한 지나친 요구처럼 보이기도 합니다. 어쨌든 요양시설에 있을 때는 그런 요구가 무슨 학대처럼 느껴졌던 게 사실입니다. 가뜩이나 사는 것 자체가 버거운데 새로운 짐을 어깨에 얹어주나 싶기도 했고요.

그런데 오늘 저는 모든 것을, 정말로 모든 것을 시원스레 놓아버리자는 얘기를 하고 있습니다. 때로 화장실에서 물을 두 번 연거푸 내려야 할 때의 바로 그 기분으로 말이죠! 놓아버리는 일 자체까지 놓아버리자는 얘깁니다.

'약제처방전'을 뜻하는 '파르마코페pharmacopée'는 '치유'를 뜻하는 그리스어 '파르마콘pharmakon'에서 나온 단어입니다. 그런 점에서 앞으로의 이야기가 누군가에겐 소박한 '처방전'이 될 수도 있겠군요. 내친김에 의학적 비유 하나 더 해볼게요. '내려놓기'란 유사요법을 통해 조심스럽게 접근할 문제입니다. 그것은 자기 말고 다른 누군가가 되고자 하는 것이 아닙니다. 선불교에는 이런 얘기가 있지요. "여우가 여우가 아니기 위해 무얼 할 수 있을까?" 종종 저 역시 이런 질문을 떠올려 본답니다. "지금 나 자신이 아닌 다른 사람이기 위해 내가 무얼 할 수 있을까?" 아무것도 없지요. 알렉상드르는 알렉상드르가 아니기 위해 무언가를 할 수가 없습니다. 아침부터 저녁까지, 자기 자신을 부정할 위험까지 무릅써가면서 다른 누군가가 되기 위해 애쓴다고 생각해보십시오. 제가 내려놓는 삶에 가까이 다가가게 된 데는 책 한 권의 도움이 컸습니다. 내려놓는 삶, 그건 사실 그렇

게 다가가기 어려울 만큼 대단한 게 아니거든요. 제겐
아이가 셋 있는데, 그 아이들을 바라보노라면 셋 모두
내려놓는 삶 그 자체라는 생각이 들어요. 셋 다 삶에
단단히 밀착되어 있지요. 그래서 즐거울 땐, 그냥 즐거
워한답니다. 슬플 땐, 그냥 슬퍼하고요. 놀 땐, 아무 생
각 없이 신나게 놀죠. 운문雲門*이라는 선승이 이런 말
을 했지요.

"그대가 앉아 있을 땐, 앉아 있어라. 그대가 서 있을
땐, 서 있어라. 그대가 걸을 땐, 걸어라. 무엇보다 서둘
지 마라."

저는 고통과 슬픔이 우리 안에 늘 자기 자리를 꿰차
고 있다는 생각을 합니다. 감히 우리가 바닥까지 샅샅이
맛볼 엄두를 내지 못하기에, 그것들이 계속해서 앙금으
로 남는 것 같아요. 아이들을 관찰하면서 제가 놀란 건,
걔네들은 울 때 있는 대로 깡그리 울어버린다는 사실입
니다. 그러고 나면 슬픔이 깨끗이 사라지죠. 유년기의

---

*   운문종을 창시한 중국 오대(五代) 때의 선승

상처라는 것도, 뿌리째 살아내지 못한 아픔이 앙금으로 계속 남는 현상이 아닐까 해요.

자, 그럼 이제 저를 '내려놓기'와 가까워지도록 만들어 준 책에 대해 이야기할까요. 붓다의 말씀이 담긴 책인데, 제목이 '금강경'이라고 합니다. 산스크리트어로 '바즈라체디카 프라즈냐파라미타 수트라'라고 하지요. 휴, 다시 발음하라면 도저히 못 할 겁니다! 이 책에는 어떤 구문 하나가 반복해서 자주 등장하는데요, 제8장에 처음 나오는 이 대목을 제가 한번 읽어보겠습니다.

"소위 '붓다의 실재'라 부르는 '붓다의 실재'에 관하여, 여래께서 이르시기를 이는 '붓다의 실재'가 아니며, 바로 그렇기 때문에 이를 '붓다의 실재'라 부르니라 하시더라."

이걸 두고 사람들은 웃어넘기든지, 괴이하다고 여길지 모릅니다. 하지만 저는 정말 이 글로 도움을 받았습니다. 심지어 제가 저 자신의 장애를 인정하는 것은 물론, 기꺼이 끌어안기까지 가장 큰 도움이 된 글이기도 합니다. 거기, 인정할 그 무엇도 없다는 사실을 이 글은 말해주고 있었으니까요. 인정하고 받아들인다는 것, 그것은 곧 그런 행위를 하는 '나'를 상정합니다. 그런데 '나'라는 것은 이 일과 아무 상관이 없어요. 언젠가 저는 이 '나'라는 존재가 거부하도록 프로그램되었다는 걸 깨달았습니다. 받아들이는 것보다는 그냥 내버려두는 경향이 좀 더 크다고 할까요. 받아들인다는 것은 '나'에게 '애쓰는 것'을 의미합니다. "받아들여야만 한다"라고 할 때, 그 강제적 뉘앙스는 분명 '힘들여 애쓸 것'을 요구하지요. 제가 아까《금강경》에서 인용한 대목은 붓다의 말씀 중 끊임없이 되풀이되는 문장인데, 이렇게 요약되기도 합니다. "붓다는 붓다가 아니니, 바로 그래서 내가 이를 붓다라 이르니라." 결국, 집착이 없는 삶의 자세를 말합니다.

살면서 제게 가장 소중한 것에 이 문장의 의미를 적용하기 전까지는 그것이 얼마나 과격한 문장인지 실감하지 못했답니다. 바로 이렇게 말이에요. "내 아내는 내 아내가 아니다. 바로 그래서 나는 이를 내 아내라고 부른다." 제 아내가 실제로 제가 생각하는 그대로의 존재는 아니라는 얘깁니다. 만약 제가 "내 아내는, 바로 이런 존재다"라고 말한다면, 저는 그녀에게 집착하는 것이요,

몇몇 꼬리표로 가두는 것이며, 결국엔 그녀를 죽이는 꼴입니다. "내 아내는 내 아내가 아니다. 바로 그래서 나는 이를 내 아내라고 부른다." 세상 꼬리표가 사람과 사물을 가둔다는 걸, 즉 죽여버린다는 것을 깨닫는 순간에야 비로소 우리는 그 꼬리표를 올바로 사용할 줄 알게 됩니다. 말이라는 게 곧 꼬리표에 지나지 않음을 바로 알 때에만 고양이를 고양이라 부를 수 있다는 얘기죠. 아주 구체적인 예를 하나 들지요. 제가 버스를 타면 사람들이 저를 무슨 괴물 보듯 합니다. 그럼 저는 속으로 중얼거리죠. '장애는 장애가 아니다. 그래서 이를 장애라 부른다.' 장애란 제가 한때 생각한 것처럼 더럽고 흉한 무엇이 아닙니다. 장애는 모든 일이 잘되어갈 때 제가 받았다고 느낀 축복 또한 아니지요. 《금강경》의 주문은 세상일에 집착하지 말라고 호소합니다. 무엇이든 확정하지 말되, 그렇다고 부정하지도 말라고 하지요. 집착이 없다는 건 바로 그런 태도를 말합니다.

"고통은 고통이 아니다. 그래서 나는 이를 고통이라 부른다." 주문을 그대로 따르면, 고통을 부정하지도 말라는 얘깁니다. 왜냐하면 당장 고통을 겪고 있는 사람에게 "당신, 괴로워할 일 전혀 아니야!"라고 말하는 것보다 더 나쁜 건 없으니까요. 그렇다고 고통에 몰입해 괴로움을 과대포장하는 것도 안 될 말이죠. 《금강경》의 문장은 그 무엇에도 집착하지 말라고 말합니다. 저는 한때 좋지 못한 남편이었을 수 있습니다. 하지만 저는 그런 꼬리표에 집착하지 않습니다. 저는 앞으로 나아갑니다. 한때는 서글플 때도 있겠죠. 하지만 서글픔 속에 저 자신을 가두지 않습니다. "알렉상드르는 알렉상드르가 아니다. 그래서 나는 이를 알렉상드르라 부른다." 저는 제가 어떤 사람인가에 집착하지 않습니다. 그냥 앞으로 나아가죠. 《창세기》에서 인간의 추락을 결정지은 저 유명한 원죄 있지 않습니까, 제 생각에 그것은 윤리적으로 비난받을 짓을 의미한다기보다, 선악과를 따 먹고 난 뒤 자신들이 알몸 상태임을 깨닫게 된 아담과 이브의 의식 자체를 뜻하는 것으로 보입니다. 《창세기》 3장 7절의 "자신들이 알몸인 것을 알았다"라는 유명한 문장을 떠올려보세요. 달리 말하자면, 졸지에 똑똑해져버린 우리의 조상님께선 '내가 바로 세계의 배꼽이다'라는 자기중심적 정신질환에 걸리고 만 겁니다. 여러분도 다 알다시피, 아담과 이브는 남자와 여자의 결합으로 태어난 존재가 아니죠. 그러니 그들에게 '배꼽'이 있을 리 없습니다. 어쨌든 《창세기》의 이야기가 자신의 배꼽만 들여다보며 살지 말기를 우리에게 권하고 있다는 건 참 다행한 일입니다. 그게 뭐가 됐든, 자신만의 전유물이라 여기는 것에 집착하지 말라는 이야기지요. 때때로 저는 바보 중의 상바보일 수도 있을 겁니다. 하지만 말이죠…… 바보 중의 상바보는 바보 중의 상바보가 아니랍니다. 그래서 제가 이를 바보 중의 상바보라 부르는 거고요. 그렇게 해서, 저는 이번에도 저 자신의 이미지에 집착하지 않습니다. 삶은 계속되고요…… 바보는 제 갈 길을 뚜벅뚜벅 걸어가지요.

참벗,

아무 판단도 내리지 않은 채
내 곁을 지키는 사람

✕

참벗이 있다.

아무 판단도 내리지 않은 채,

나와 마찬가지로 힘은 없어도,

내 곁을 지키고 있는 그.

- 알렉상드르 졸리앙

◑

아리스토텔레스는 '친구란 인생의 소금'이라고 말했습니다.* 제 인생을 돌아보면서, 그걸 가치 있게 만들어주는 것은 자식과 가족 이외엔 역시 친구밖에 없다는 걸 깨닫습니다. '친구'라는 단어를 입에 올릴 때마다 생각나는 이야기가 있는데요, 바로 혜능慧能** 스님의 전설입니다. 문맹이었던 이분은 어려서부터 고된 일을 해서 생계를 이어가야만 했답니다. 하루는 나무를 하러 다니는데, 어디선가 《금강경》 읽는 소리가 들렸다지요. 다름 아닌 그 유명한 '집착 없는 삶'에 관한 구절이었죠. 순간, 정신이

---

*   아리스토텔레스, 《니코마코스 윤리학》
** 중국 당나라 때 승려로, 육조 대사(六祖大師)라고도 불림. 그의 설
       법을 기록한 《육조단경(六祖壇經)》이 전해짐

번쩍 깨는 기분이었습니다. 이른바 '깨달음'을 경험한 것이죠. 훗날 그분이 남긴 말씀을 제자들이 책으로 엮었는데, 거기서 혜능은 아주 빛나는 표현을 합니다. 바로 "참벗(l'ami dans le bien)"*이죠. '참벗'은 무엇을 하는 존재이며, 무엇이 '참벗'을 만들까요? 여기서도 역시 《금강경》을 호주머니 안에 꿰차고 머릿속에서 중얼거려야 합니다. "참벗은 참벗이 아니다. 그래서 나는 이를 참벗이라 부른다." 참벗에 집착한다든지, 누군가에게 다가가 "나는 참벗을 원합니다"라고 말해서는 안 되겠죠. 그냥 살면서, 존재의 새로운 단계로 나를 이끌어줄 참벗이 나타나는 것을, 그냥 그렇게 지켜보는 겁니다. 저는 집을 나설 때는 물론이고 귀가할 때도 속으로 종종 이렇게 중얼거린답니다. '삶이 내게 좋은 안내자를 제공해줄 거야'라고 말이죠. 그러면 거의 실망하는 적이 없게 되더군요. 하긴, 좋은 안내자 역시 좋은 안내자가 아니기에, 제가 이를 좋은 안내자라 부르는 것 아니겠습니까!

---

* 《육조단경》의 선지식(善知識)을 의미하며, 불법의 이치를 알고 행하는 사람을 뜻함

이따금, 자칫 저 자신을 망가뜨릴 수도 있을 잘못된 만남을 경험할 때가 있는데, 그땐 오히려 그 만남 덕분에 저의 가장 깊은 곳에서 그만큼의 성장이 이루어졌음을 느낍니다. 그래서 참벗을 많이 만들어 갖기보다는, 차라리 저 자신이 제 아내와 아이들, 이웃들에게 참벗이 되고자 노력하는 편이죠. 괴테가 매우 친근하면서 정말 아름다운 이미지를 제시한 적이 있지요. 연못에 자갈을 던지면, 그 자갈이 계속해서 물수제비를 이루는 가운데 수면의 파문이 점점 커져, 결국에는 둥근 물결이 연못 전체를 채우는 광경 말입니다. 이 이미지가 말해주듯, 각자 가까운 사람들과의 참된 우정을 인류 전체에 미치도록 확대해나가지 못할 이유가 대체 무어란 말입니까?

당연한 얘기지만, 우선 '참벗'의 의미를 규정하는 데 집착해서는 안 되겠죠. 제 생각에 '참벗'이란 무엇보다 '판단하지 않음'으로 이루어지는 존재 같습니다. 이에 관해 선불교 문헌에선 텅 빈 거울의 이미지가 자주 사용되지요. 솔직히, 아무런 판단도 하지 않고서 남의 말에 귀 기울이는 것처럼 어려운 일은 없을 겁니다. 제가 살면서

적잖은 시련을 겪고, 아무 힘도 없어서 절망에 허덕이고 있을 때, 삶이 제게 가져다준 참벗이 있다면 바로 제 아내입니다. 제가 놀란 건, 그녀가 아무 판단도 내리지 않은 채, 저와 마찬가지로 힘은 없어도, 제 곁을 지키고 있다는 점이었어요. 이따금 곤경에 처해 대책 없이 울고불고 허덕이는 친구를 대할 때면, 우선 드는 생각이 (이건 거의 본능적이랄 수 있는데) 당장 그 친구를 위해 행동에 나서고, 해결책을 찾는 것입니다. 그런데 해결책이 없다면 어떡하겠어요? 글쎄요, 제 마음속에 그려지는 '참벗'은 두 팔 활짝 펴고 상대를 있는 그대로 안아주는, 그리하여 조건 없는 사랑을 나누어주는 모습이네요. '참벗'이란 아무 조건 없이 애정을 주는 사람입니다.

조건 없는 사랑,

과거의 모습에 가두지 않고
지금 여기에 집중하는 것

✕

이보게, 알렉상드르.

자네는 여기서 어떤 행동도 할 수 있지만,

자네에 대한 나의 애정을

거두게 만들지는 못할 거야.

- 이스라엘의 어느 수도원에서, 베네딕토 수사

◑

조건 없는 사랑이란 무엇일까요? 지금 저는 '내려놓는
삶'에 이르는 이 여정에서 조건 없는 사랑의 "예스"라는
대답이 매우 중요함을 예감합니다. 오랜 세월 저의 삶에
서 조건 없는 사랑은 그저 '빛 좋은 개살구'에 지나지 않
았답니다. 도저히 거머쥘 수 없는 이상이었고, 끝없이
뒤로 물러나기만 하는 지평선이었지요. 한마디로 구체성
이라곤 전혀 없는 무엇이었습니다. 그런데 인생의 어떤
한 에피소드가 제게 조건 없는 사랑의 취향을 가져다주
는 거예요. 제가 생각하기에 우리가 타인과 맺는 관계에
는 종종 이해타산이 개입한다고 봅니다. 세네카도 그런
말을 했고요. 우리는 서로의 이해득실이 사라지는 순간
모든 관계가 끝나고 마는 타인을 대부분 '친구'라 부른다

고 말이죠.*

문제의 에피소드는 이스라엘의 어느 수도원에서 벌어진 일입니다. 당시 저는 일과 정서적 어려움으로 힘겹게 지낸 몇 년의 시간을 정리하기 위해 그곳에 가 있었습니다. 첫날, 저와 함께하기로 한 베네딕토 수사님이 어인 일인지 보이지 않았습니다. 저는 금세 답답함을 느꼈고, 이리저리 서성댔습니다. 제 안에 득실거리는 온갖 망상들이 제 시간과 정신을 붙잡고 놓아주질 않았지요. 마치 전쟁터에서처럼 저는 그 폭군같은 망상들과 맞서고 있었습니다. 둘째 날 베네딕토 수사님과 이야기할 기회가 오자, 저는 얼마나 가슴이 답답한지 털어놓았습니다. "저 지금 답답해 죽겠습니다! 얼마나 괴로운지 상상도 못하실 거예요!" 그러자 수사님은 제게 이러시더군요. "계속 답답해하시게. 실컷 괴로워하라고. 그럼, 사흘 후에 다시 봄세." 그리고 저는 또 그 지긋지긋한 시간을 보냈습니다. 매일 저녁, 베네딕토 수사님을 뻔질나게 찾아

---

*   세네카,《루킬리우스에게 보내는 서한》

가지 않을 수 없었습니다. 찾아가, 하루 종일 얼마나 제가 예민했고 감정기복이 심했는지, 그래서 지금 얼마나 아픈지 하소연했지요. 하루는 답답증을 덜기 위해 제가 무슨 짓을 했는지 털어놓았습니다. 수도원 안에서 허용되기에는 다소 문제가 있는 행동이었습니다. 아, 뭐 그렇게 심각한 잘못은 아니니, 안심하세요. 그러자 베네딕토 수사님이 제게 이러시는 겁니다.

"이보게, 알렉상드르. 자네는 여기서 어떤 행동도 할 수 있지만, 자네에 대한 나의 애정을 거두게 만들지는 못할 거야."

그 순간, 솔직히 말해, 다시 태어나는 기분이었습니다! 누구한테서도 그렇게 전격적인 사랑을 받아본 적이 없었거든요. 그제야 비로소 제가 일종의 연기를 하고 있었다는 생각이 들더군요. 실존의 애로사항을 저 혼자 떠안는 자, 즉 철학자 역할을 하고 있었던 겁니다. 그런데 베네딕토 수사님의 그 말씀을 접한 이후부터는 제가 먼저 남에게 아낌없이 주는 사랑을 베풀고자 노력하게 되더군요.

아낌없이 주는 사랑…… 그것은 아이들을 향한 제 마음속에 이미 뿌리를 내린 그 무엇이었습니다. 저는 오귀스탱, 빅토린 그리고 셀레스트를 사랑합니다. 아빠의 사랑을 받기 위해 그 아이들이 특별한 누군가가 될 필요는 없습니다. 오귀스탱에게 종종 이런 말을 하지요. "애야, 네가 만약 집에 불을 지른다 해도 이 아빠는 너를 사랑할 거야." 물론 거의 동시에 이렇게 덧붙입니다. "그렇다고 불을 지르라는 얘긴 아니니 명심해라!"

아낌없이 주는, 조건 없는 사랑을 저 자신의 삶, 제 육체를 위해 베풀어야 한다는 걸 실감한 적이 있습니다. 어떤 역에 나가 있었는데, 그날따라 제가 남의 시선에 유난히 민감하더라고요. 제가 가진 이 몸뚱어리가 창피했습니다. 그래서 무작정 핸드폰을 꺼내 베네딕토 수사님께 전화를 걸었죠. 그리고 다짜고짜 저의 불편한 심정을 쏟아놓았습니다. 스포티한 근육질의 미남, 그 어떤 문제도 없는 '정상인'이 되고 싶어 미치겠다며 마구 퍼부어댔습니다. 수사님이 묻더군요. "만약 오귀스탱한테 장애가 있다면 그래도 그 아이를 사랑하겠나?" 저는 대답했습니다. "그걸 말씀이라고 하십니까? 그야 당연하죠!" 그러자 수사님이 또 묻습니다. "그 아이를 돌보아줄 텐가?" "여부가 있습니까! 지금보다 훨씬 더 잘 보살펴줄 겁니다!" 그러자 수사님은 이렇게 말씀하셨어요. "그럼, 오늘 당장, 지금 그 역에 있는 자네의 몸뚱어리를 자네 자식처럼 보살펴주게." 그날 저는 전화를 끊자마자 글자 그대로 역에서 덩실덩실 춤을 추었습니다! 제 몸뚱어리가 보살피고 아껴주어야 할 아이라는 것을 갑자기 깨달은 겁니다. 전에는 이 아이에게서 오직 즐거움과 이득만을 끄집어내려고 안달했을 뿐, 편히 쉬게 해준다거나 매일 녀석이 해내는 것을 존중해줄 생각은 전혀 안 했어요. 몸뚱어리가 제게 남겨준 상처와 장애는 제 손으로 들고 갈 쟁반 위의 물건에 지나지 않는다는 사실을 그때, 그 역에서 깨달았습니다. 겉으로 드러난 제 몸의 이미지는 결국 쟁반 위에 놓인 무엇이며, 저는 그것을 들고 가는 것뿐이라는 얘기죠. 요컨대, 누군가 그 쟁반 위에 놓인 것을 비웃는다 해도 저 자신은 아무 문제가 되지 않는 거예요. 제가 염두에 두고 열심히 정성을 들일 일은 세심하고 자상한 태도로 쟁반을 들고 가는 것뿐입니다. 그 위에 놓인 것을 보고 사람들이 터뜨리는 웃음은 결코 중요한 문제가 아니지요. 그리고 하나 더 깨달은 건, 제가 아무 조건 없는 눈으로 저 자신의 몸과 존재를 바라봐줄 수 있다는 사실이었어요. 쇼윈도를 통해 드러나 보이는 제 모습, 그것은 온전한 저의 전부가 아니었습니다. 그러고 보니 오귀스탱에게 한 말, "네가 만약 집에 불을 지른다 해도 이 아빠는 너를 사랑할 거야"가 꼭 그 아이가 하고 싶은 대로 해도 괜찮다는 뜻이기보다는, 그 정반대일지 모른다는 생각이 들더군요. 역설적이지만, 조건 없는 사랑은 반드시 어떤 기대치를 동반한다고 봅니다. 저는 오귀스탱을 너무나 사랑하여 그 아이가 오귀스탱답지 않거나, 잘못을 범해 밉상이 되는 걸 참아내지 못합니다. 마찬가지로 제 존재 자체도 너무나 사랑하기에 더 나아지기 위하여, 즐겁고 자유롭지 못하게 만드는 것에서 훌훌 벗어나도록 온갖 노력을 다하게 됩니다.

조건 없는 사랑, 그것은 무작정 관용을 베푸는 것과는 다릅니다. 절대적인 관용이 아니지요. 지금, 여기 존재하는 것에 전적인 온정을 베푸는 것입니다. 과거는 별로 중요하지 않습니다. 문득 어떤 일화가 떠오르네요. 돈을 위조했다며 사람들이 철학자 디오게네스를 비난하자, 그가 이런 요지의 대답을 했다지요. "그래요, 사실입니다. 어렸을 때 침대에 오줌을 싼 건 맞지만, 더는 그러지 않아요!"* 과거로부터의 해방, 제 생각에 그것은 기독교의 용서와 같은 의미입니다. 자신이 저지른 모든 일에서 자유로워지는 것, 그렇다고 벌어진 일을 되돌릴 순 없지만, 행위 자체에 갇히지는 않는 것. 사람이라는 존재 자체가 과거에 한 일이나 모습으로 몽땅 환원될 수는 없는 법이거든요. 조건 없는 사랑이란 아마 그와 같은 것이겠지요. 지금 이곳에서, 과거의 모습에 가두지 않고 자기 여자를 사랑해주는 것 말입니다.

---

* 디오게네스 라에르티오스(Diogenes Laërtius), 《저명한 철학자들의 삶과 가르침(Vies et doctrines des philosophes illustres)》 제6권

온정,

나는 강요된 선행을 거부한다

X

선행에 대한 자기만의 시각을 내세운다면,

그 도움은 타인의 진정한 이로움과는

멀어지는 결과로 치닫기 마련이다.

선행도 무작정 강요해서는 안 되는 이유다.

– 알렉상드르 졸리앙

프랑스어로 '온정溫情, bienveillance'은 라틴어 '베네 볼렌스 bene volens'에서 왔습니다. 같은 어원을 갖는 '베네볼라 bénévolat(자원봉사)'는 무엇보다 남들에게 선善을 베푸는 것 이죠. 자원봉사란 자신의 때깔을 치장하기 위해서가 아니라, 타인의 이로움을 원하기에 취하는 행동입니다. 사랑과 우정의 참된 정의는 바로 그런 것에 있지 않을까 싶습니다. 베푸는 이의 시각을 강요하지 않고, 순수하게 타인의 이로움을 도모하는 선행善行. 여기서 또다시 《금강경》의 구절을 떠올리게 됩니다. "선善은 선이 아니니, 그래서 나는 이를 선이라 부른다." 누군가를 도와줄 때 선행에 대한 자기만의 시각을 내세운다면, 그 도움은 타인의 진정한 이로움과는 멀어지는 결과로 치닫기 마련입니다. 선행도 무작정 강요해서는 안 되는 이유죠.

　한번은 방에 있다가 갑자기 요구르트가 먹고 싶어진 적이 있습니다. 저는 아들을 불러 좀 도와달라고 했죠. 녀석은 요구르트를 제가 쓰는 명상 주발 뒤쪽에, 숟가락도 없이 가져다 놓더군요. 그래서 제가 이랬죠. "오귀스탱, 아빠에게 장애가 있는데 요구르트를 명상 주발 뒤에 놓으면 안 되지. 거기 놔두면 내가 집을 수 없지 않니." 그제야 우리 꼬마는 앙증맞은 손으로 요구르트를 집어 들어 다시 제 앞에 놓아주었습니다. 저는 무뚝뚝하게 또 말했지요. "근데 요구르트 떠먹을 숟가락은 어디에 둔 거냐?" 녀석이 멀뚱멀뚱 쳐다만 보더군요. 숟가락을 깜빡한 겁니다. 저는 명상 주발을 치는 데 쓰는 막대기를 집어서 요구르트 속에 푹 담갔습니다. 그걸로 마구 퍼먹었지요. 그러고는 다들 깔깔대며 웃고 말았습니다. 아빠가 장애인이라 남들처럼 행동하지 못한다는 것을 깨닫기 시작하는 오귀스탱을 바라보면서, 저는 그 깨달음에 적지 않은 슬픔이 배어 있음을 느꼈습니다. 그리고 이런 생각을 해보았지요. '지금 여기서, 어떻게 하는

것이 선한 행동일까? 과연 무엇이 이 삶에 이로운 것일
까?' 그러고는 이런 결론에 도달했답니다. '아, 공연히 심
각한 척 굴지 말아야겠다. 툭하면 내 인생 좀먹기나 하
던 이따위 장애는 이제 그냥 웃어넘겨버려야겠어⋯⋯.'

　요구르트 경험은 다름 아닌 받아들임의 경험이 되었
던 겁니다. 어차피 저는 남들처럼 요구르트를 개봉하지
못합니다. 그걸 하기 위해서는 여섯 살짜리 아들 녀석의
도움이 필요하지요. 하지만 고통스러운 경험이란 게 가
끔은 행복하고 유쾌한 경험과 종이 한 장 차이일 때도
있다는 것이 세상 사는 재미 아닐까요! 사실 저는 즐거
움과 고통을 대립시키는 경우가 너무 잦답니다. 그때 제
가 요구르트를 개봉할 수 없었던 건 사실이지만, 그 순
간만큼은 제 아들 녀석과 터무니없는 공모를 벌였던 셈
이에요. 오귀스탱을 보듬어 안자, 그 순간을 망쳐버릴
수도 있었을 장애의 경험이 오히려 우리 부자의 완벽한
동지의식을 일깨울 기회가 되어준 겁니다. 제 아들에게
저는 거의 퉁명스러운 편이었습니다. 사납다기보다는,
무뚝뚝했다고 봐야죠. 저는 다른 사람들 앞에서 처신할

때, 가깝거나 다소 먼 사람들과 함께 있을 때, 자주 이런 질문을 스스로에게 해봅니다. '나는 진정한 선을 지향하고 있나? 아니면 그저 남의 마음에 들고 싶어 하는 건가?' 이 소박한 의문은 곧바로 다음 질문들을 이끌어내지요. '나는 나 자신을 위해 처신하고 있나?' '스스로 이로움이라 믿는 일을 행하면서 이런저런 처신을 하는 가운데 일종의 연기를 하고 있는 것은 아닐까?' '그게 아니라면, 나는 진정으로 선을 실천하고 있는 걸까?'

《금강경》의 구절은 선행 자체에도 집착하지 말라고 가르칩니다. 저는 참 고약하고 형편없는 남편임과 동시에 지극히 모범적인 남편일 수도 있습니다. 중요한 것은 그 어떤 태도에도 집착하지 않는 것입니다. 그냥 앞으로 전진하는 것이죠. 형편없는 남편은 형편없는 남편이 아니니, 그래서 우리는 이를 형편없는 남편이라 부르는 것이니까요.

"별일 아니야!"

삶을 짓누르는
아주 사소한 것들에 대하여

✕

지금 무슨 일이 벌어지고 있는 것인가?

마음을 다잡고,

행동으로 옮겨가려면 당장 어떻게 해야 하는가?

"별일 아니야!"

- 알렉상드르 졸리앙

"별일 아니야!" 툭하면 그렇게 말하는 친구가 한 명 있습니다. 그 말만 들으면 저는 늘 마음이 편해지고, 지속적으로 뭔가 배우는 느낌입니다. 그 친구를 보면 엄청난 어려움과 난관 속에서도 항상 차분하고, 의연한 태도를 취합니다. "별일 아니야!"라는 말은 손을 놓는다든지, 포기하는 표현이 결코 아닙니다. 오히려 그 차분하기만 한 친구는 언제나 현실 속에 두 발을 디딘 채, 여차하면 더 나아지기 위한 행동에 돌입할 태세로 살지요. 그건 분명 새로운 형태의 절제된 자세라고 할 수 있습니다. 세상을 까다롭게 보지 않는 것이죠. 어려움이 닥칠 때일수록 무얼 더 보태지 않는 것. 난관을 부정하지는 않되 현실 그 자체로 돌아와, 지금껏 자신의 상상이 놀라 날뛰는 말처

럼 실제 상황을 제멋대로 휘두르고, 지배해왔음을 직시
하자는 것입니다.

　"별일 아니야!" 그것은 결국 눈앞의 현실로 회귀함을
의미합니다. 지금 무슨 일이 벌어지고 있는 것인가? 마
음을 다잡고, 행동으로 옮겨가려면 당장 어떻게 해야 하
는가? 가령 제가 은행에 간다고 가정해보죠. 저는 기계
안에 신용카드를 넣습니다. 한데 기계가 카드를 삼켜버
립니다. 이때 '별일 아니야!'를 되뇝니다. 공연히 화를 내
고 욕설을 내뱉어봐야 은행의 전체 시스템을 들먹이며
소란만 피울 뿐이죠. 그 대신 저는 곧장 적절한 행동을
찾아 동작에 들어갑니다. 별일 아니니까요. 저는 신용카
드 담당자를 부릅니다. 별일 아니거든요. 저는 긴장을
풀고, 잠시 숨을 고릅니다.

　저의 일상에서 대충 불행한 사태로 여겨질 수 있는 일
들이 이 '별일 아니야'로 인해 흐지부지되는 경우가 자주
있습니다. 예컨대 제가 기차를 놓칩니다. '별일 아니야'
는 저로 하여금 차분히 다음 기차를 기다리게끔 만들

어주지요. 도대체 '나의' 기차라며 고집하는 이유가 뭡니까? 승객이 모두 합해 350여 명인데, '나의' 기차라고 하면 그 기차가 정말 내 소유물이 되어주기라도 한단 말인가요? '별일 아니야'는 지금 이 순간에 집중하도록 저를 돕습니다. 상황에 대한 적절한 해법을 찾는 데 결정적인 도움을 주지요. 만약 제가 카페 테라스에 앉아 물을 한 잔 마시고 있는데, 누가 저를 비웃는다고 쳐보죠. '별일 아니야'는 저로 하여금 장소를 옮기든가, 그 순간을 '긍정의 예스'를 실천해보는 기회로 삼도록 만들어줄 겁니다. 그냥 정신적 차원의 '예스'가 아니라, 실제로 모든 존재를 기꺼이 끌어안는 삶의 자세 말입니다. 말 그대로 '별일 아닌 것'이죠.

갈수록 저는 삶을 짓누르는 것이 어떤 심각한 시련이나 장애가 아니라, 일상의 소소한 일들임을 깨닫게 됩니다. 몽테뉴가 한 말을 인용하자면, "사소한 폐해더미"* 말이지요.

---

* 몽테뉴, 《수상록》 제3권, 9장

"별일 아니야"는 인생을 살면서 저 자신을 내려놓는 가운데 해결책을 발견할 수 있도록 도와줍니다. 그것이 바로 제가 좋아하는 이 보잘것없는 문장의 기막힌 효능이지요! 몇 해 전부터, 어림잡아 십여 년은 됐을까요, 아침에 일어나면서 제가 버릇처럼 중얼대는 소리가 "아, 지긋지긋해!"입니다. 그만큼 사는 게 힘겹고, 피곤해서인 게죠. 이런 와중에 '별일 아니야'가 일종의 '절제된 삶의 자세'를 들고 나섰습니다. 무엇보다 쓸데없는 생각을 덧붙이지 말자는 거죠. "별일 아니야!" 저 아직도 솔직히 지긋지긋하지만, 최근 언제부터인가 '별일 아니야'와 친숙해지다 보니, 지긋지긋하다는 게 왠지 그렇게 지긋지긋하지만은 않더라고요!

비교,

타인의 아름다움을
탐하지 마라

✕

장님은 완벽하지가 않습니다.

무언가 결핍되어 있지요.

정확히 말해 시력 말입니다!

(······)

그럼 당신에게는

날개가 결핍되어 있다고

할 수 있나요?

- 블리엔베르크 + 스피노자

◑

괴로움을 키우고 결함을 만들어내는 것, 그것이 바로 비
교입니다. 스피노자가 아주 기막힌 말을 했는데, 제가
끊임없이 마음속으로 되뇌는 명언이죠. "실재성과 완전
성을 나는 같은 것으로 이해한다."* 다시 말해서 현실은
그 자체로 완전하다는 뜻입니다. 분명 장애, 결핍 같은
것은 존재합니다. 다만, 저 자신을 제 옆이나 앞에 앉아
있는 사람과 비교할 때 그런 것들이 더 악화되고, 고통
스럽게 변한다고 생각합니다. 지금까지 저의 인생행로는
제 전 존재를 받아들이는, 아니 끌어안는 과정이었다고
할 수 있습니다. 그로부터 아무것도 내치지 않고서 말이

---

* 스피노자,《에티카》제2부, 정의 6

죠. 아름다움도, 즐거움도 그냥 그것들이 드러난 만큼만 찾는 겁니다. 이 몸뚱어리, 이 존재, 이 삶 안에서 말이죠. 한껏 이상화하거나, 꿈꾼 삶에서 찾는 것이 아닙니다. 즐거움은 평범한 일상 속에 거합니다. 제 인생에서 일대 전환점이라 하면 더는 이런 식의 질문을 스스로에게 하지 않게 된 것입니다. "행복하기 위해서는 내게 무엇이 필요할까?" 그 대신 이제 이런 질문을 하지요. "지금 여기서 어떻게 하면 즐거울까?"

스피노자와 서신을 교환했던 블리옌베르크는 이와는 조금 다른 의견을 제시했지요. 그는 저 유명한 '장님의 사례'를 들어 다음과 같이 반박했습니다. "그러나 장님은 완벽하지가 않습니다. 무언가 결핍되어 있지요. 정확히 말해 시력 말입니다!" 이에, 스피노자는 이런 요지의 반문을 합니다. "그럼 당신에게는 날개가 결핍되어 있다고 할 수 있나요?" 만약 누군가 제게 그런 질문을 했다면 저는 지체 없이 대답했겠죠. "그건 아니죠. 제게 날개가 결핍되었다고 말할 순 없지요." 이로써 스피노자는 자신을 제외한 세상 모두가 날개를 가지고 있을 경우에만 그것을 결핍된 것으로 볼 수 있다는 점을 블리엔베르크에게 납득시킨 셈입니다. 달리 말하자면, 원래 결핍된 것이 아님에도 내가 나 자신을 타인과 비교하는 순간 결핍으로 느껴진다는 이야기이지요.

  하루하루 자신을 버리는 것, 모든 비교에서 벗어나는 것으로 이루어지는 영적 수행방법이 있습니다. '나는 다른 애들 같지가 않아'라든가 '나는 다른 아빠들처럼 해줄 수 없어' 등등, 정말 아무짝에도 쓸모없는 생각들. 이 경우, 적절한 영적 수행방법은 후회하는 마음을 비워내는 데 있습니다. 사람은 '만약'이라는 말로는 이루지 못할 게 없지요. 돌아가신 저의 아버지께서 입버릇처럼 하시던 농담이 생각나는군요. "그러게. 우리 할머니에게 '거시기'만 달렸어도 할아버지 노릇을 하셨을 텐데 말이야." 별로 시답잖은 비교이긴 해도 눈앞의 현실을 되돌릴 수 없다는 점, 세상을 통째로 다시 만들어낼 수 없다는 사실만큼은 적나라하게 보여준다고 하겠습니다. 세상을 다시 만들고 싶다며 보잘것없는 에너지를 낭비하는 사이, 우리는 지금 현재 누릴 수 있는 즐거움, 당장 주어진 그것들을 지나쳐버리고 맙니다. 비교하지 않는 것이야말로 저의 처방전입니다. 저는 안 좋은 상황에 처할 때마다 거의 반사적으로 그 처방전을 적용하지요. 저는 현실에 대해 왈가왈부하지 않습니다. 상점에서 누가 저를 보고 놀린다고요? 저는 아무런 토도 달지 않아요. 걱정이면 걱정, 두려움이면 두려움, 서글픔이면 서글픔이 그냥 그렇게 오가도록 내버려두죠. 이런 취급을 받아서는 안 된다느니, 내가 만약 어땠으면 이런 꼴을 당하진 않았을 거라느니, 저 자신한테 이러쿵저러쿵 구시렁거리지 않습니다. 어떤 감정이든 저 스스로 왔다가, 제멋대로 치솟은 뒤, 제풀에 수그러들도록 가만 내버려두지요. 자꾸 비교하다 보면 세상을 죽이고, 현실을 파괴하기 마련이거든요.

저는 제 아이들을 비교하지 않고 사랑해줍니다. 누군가를 사랑한다는 것은, 그를 독자적인 존재로서 사랑한다는 뜻입니다. 가령, 사랑하는 대상을 미의 규범과 비교해가며 사랑하는 것은 아니지요. 선禪을 수행하다 보면 깨닫게 되는 것이, 실재하는 현실을 우리의 이상이나 관념에 연계시키지 않고 있는 그대로 받아들여야 한다는 점입니다. 참된 벗은 우리에게 이렇게 이야기하지요. "현실을 이러쿵저러쿵 판단하는 것은 곧 신의 옥좌를 차지하겠다는 것과 다르지 않은데, 그곳은 이미 임자가 있는 자리라네."

벗어던짐,

순수한 열정을 되찾기 위하여

✕

자신이 단순하게 살아야

남들도 단순하게 살 수 있다.

- 간디

벗어던진다는 것 또한 제게는 언감생심 넘볼 수 없는 엄청난 과제였습니다. 그 경지에 도달하려면 수도승이라도 되든지, 초연함의 화신처럼 굴어야 한다고 막연히 생각했지요. 적어도 물질에 속하는 것은 모조리 포기해야만 할 거라고 상상했습니다. 그러다가, 정작 내가 초탈해야 할 그 '엄청난 과제'가 곧 나 자신임을 깨닫는 날이 닥칩니다. 아침부터 저녁까지 하루도 거르지 않고 애써 연기해온, '나'라는 역할이 문제였지요. 그즈음 알게 된 한 친구가 이런 이야기를 해줍니다. "관계가 많아질수록 이로움은 적어진다." 실제로 그때까지 저는 결핍감이랄지 마음의 상처, 소외나 상실감에 대한 치유책을 구하기 위해 서점이나 슈퍼마켓, 대형 매장 같은 데를 찾는 경향이 있었습니다. 한데 바로 그 "관계가 많아질수록 이로움은 적어진다"는 말을 듣는 순간, 이제는 삶을 말끔하게 가지치기하고, 과도함에서 나날이 벗어나는 길을 택해야겠다는 자각이 들더군요. 이는 불교에서 말하는 바로 그 직관, 즉 우리 모두가 불성을 타고났다는 위대한 깨달음과 일맥상통하는 것입니다. 여기서 '타고났다'는 표현은 소유의 개념이 아닙니다. 그것은 행복하기 위해 지금 있는 것에 무언가를 보태는 개념이 아니지요. 우리 자신이 이미 붓다의 본성이란 얘깁니다. 세상 모든 이가 붓다의 본성입니다. 심지어 사기꾼, 어린이 유괴범, 장애인들까지……. 세상에, 장애인이 나머지 두 종류의 인간과 무슨 관련이 있다고! 아무튼 저는 거기서 타인에 대한 시선을 전격적으로 변화시켜야 한다는 메시지를 읽었습니다.

정확히 말해 선禪에서 권하는, 그리하여 불교의 모든 철학 전통에서 말하고 있는 벗어던짐이란 해탈의 길을 가는 것을 의미합니다. 세상 만물, 요컨대 우리가 우리 자신에게 덧씌우며 살아가는 모든 정신적 표상들로부터 해방되는 것 말입니다. 우리는 우리 자신의 이미지를 가지고 있습니다. 아침부터 저녁까지 그것에 부합하기 위해 애쓰며 살아가지요. 언젠가 저는 알렉상드르 졸리앙이라는 남자가 이러이러한 사람일 거라고 저 나름대로 정의를 내린 적이 있답니다. 그 정도가 못 되면 큰일 날 거라고 생각하면서요. 그런 식의 집착이 얼마나 끔찍한 고통을 유발하는지 아마 보통 사람은 상상조차 못할 겁니다.

벗어던짐이란 곧 벌거벗는 것을 의미합니다. 《벌거벗은 철학》이라는 적나라한 제목의 책에도 제가 그렇게 썼지요. 내적 고요함이란 이미 내 안에, 영구한 상태로 존재한다고 말입니다. 그런 걸 나 아닌 바깥에서 찾는다면, 결코 성실한 태도라고 볼 수 없지요. 벗어던진다는 것, 그것은 진정한 자기 자신으로서 존재하는 것입니다. 완전히 발가벗음으로써 우리보다 먼저, 우리 안에 내재해온 희열의 꽃망울을 활짝 피어나게 하는 것이지요. 희열을 경험하려고 바깥을 두리번거릴 필요가 없습니다. 처음부터 그것은 있어야 할 그곳에 있어왔거든요. 스피노자가 말한 순수한 열정은 억지로 불러일으킬 수 있는 것이 아닙니다.

내면 깊숙한 곳에 이미 넘치도록 주어져 있는 것을 굳이 바깥에서, 겉모습에서, 온갖 잡다한 영적 수행방법을 동원해 찾으려고 했다는 것을, 저는 지금 깨닫고 있습니다. 도원 선사는 초연함의 길을 가는 것이 곧 축복이라 했지요. 간디는 이런 심오한 말을 했답니다. "자신이 단순하게 살아야 남들도 단순하게 살 수 있다." 이쯤에서 제 친구가 해준 말을 다시 떠올리지 않을 수 없습니다. "관계가 많아질수록 이로움은 적어진다."

그 말의 본질적 의미에 눈을 뜨고 나서부터 저는 제게 소중한 물건인 책을 남한테 주는 시도를 해봅니다. 제 아내 코린은 그런 저를 보며, 쓸모가 없어진 것들이라서 내어주나 싶었을 거예요. 이를테면 묵직한 철학 서적들 대신에 문고판 책들을 말이죠. 천만의 말씀입니다! 벗어던진다는 것은 그처럼 사물을 독차지하려는 욕망에 반하여 처신하는 것을 뜻하지요. 언젠가 저는 교황처럼 근

엄한 태도로 제 아이들을 불러 모았습니다. 저는 책을 세 권 골라 그 속에다 10프랑짜리 지폐를 끼워 넣고 이렇게 말했지요. "제일 처음 마주치는 걸인한테 무조건 이 책들 중 한 권을 주기로 한다." 우린 함께 거리로 나섰습니다. 그리고 머잖아 땅바닥에 주저앉은 사내를 한 명 발견했지요. 빅토린과 오귀스탱은 아주 엄숙하면서도 간명한 태도로 책을 한 권 그 사내 앞에 놓았습니다. 그러고는 계속해서 길을 걸었죠. 다음으로는 거리 예술가를 한 명 만났는데, 그는 미동 하나 없이 로봇처럼 서 있다가 누가 바구니에 동전을 던져 넣으면 그때마다 발가락이나 팔을 살짝 움직이는 겁니다. 제 딸이 그의 발 앞에 또 한 권의 책을 내려놓았지요. 운명의 장난이었는지 몰라도, 마침 그 책은 어떤 경우에서건 선禪에 머무는 방식을 논하는 내용이었어요. 저는 불현듯 가슴에 차오르는 희열을 느꼈습니다. 보통은 새 책이나 새 옷을 살 때 경험하는 기분이었는데 말이죠. 남한테 저 자신을 활짝 열어젖혔다는 사실 자체만으로도 희열감이 가득 차오르는 거예요. 우리는 온 길을 되밟으면서 처음 마주쳤던 걸인을 다시 보게 되었지요. 그 사내는《생존의 짧음에 관하여》를 읽고 있는 중이었습니다. 그걸 보자니 눈에 눈물이 맺히더군요. 《금강경》의 메아리가 매서운 회초리마냥 제 가슴을 다시금 후려치는 것이었습니다. "걸인은 걸인이 아니니, 바로 그래서 내가 이를 걸인이라 이르느라." 거기엔 걸인을 바라보는 장애인따윈 더 이상 존재하지 않았습니다. 오로지 하나의 연결고리로 묶인 네 사람, 벗어던짐을 통해 모인 네 명의 인간 존재가 있었지요. 자신을 벗어버린다는 것은 자기에게서 무언가를 앗아가버리는 것이 아닙니다. 그것은 결핍되고 빼앗긴 상태로 가는 것이 아니라, 진정한 자신의 모습 앞에 몸과 마음을 활짝 여는 걸 뜻합니다. 그렇다고 자신의 상像을 너무 과도하게 만들어내서 순전히 마조히즘적으로 처신하는 것이 아니라, 우리가 아닌 모든 허울을 벗어던짐으로써 진정한 우리의 모습을 찾는 것이지요. 벗어던지는 일은 일상의 소소한 행동과 더불어 시작합니다. 그리고 어쩌면 더 큰 벗어던짐으로 우리를 인도하지요. 내가 나일 거라고 믿고 있는 나, 그러나 실은 나를 옥죄고 억압해 자유롭지 못하게 만드는, 발가벗고 앞으로 나아가지 못하게 막아서는 나를 벗어던지도록 말입니다.

우리는 무엇이든 악착같이 긁어모으려 애쓰는 탓에 삶이 진정으로 베푸는 것을 거머쥐지 못합니다. 걸인이 아닌 걸인, 장애인이 아닌 장애인, 삶이 아닌 삶 그리고 벗어던짐이 아닌 벗어던짐―그래서 내가 이를 벗어던짐 이라 이릅니다만―바로 거기에 길이 있습니다!

욕망,

불가능한 것은 잊고
최선의 것을 갈망하라

×

욕망이 고개를 들 때는

차분하게 지키고 앉아

그것이 어떤 모습으로 지나가는지

조용히 지켜보라.

– 알렉상드르 졸리앙

욕망에는 나쁜 평판이 따라붙지요. 다들 그것을 경계합니다. 영적 수양의 세계에서는 아예 욕망의 모가지를 비틀어버리자는 주장도 허다합니다. 과연 보다 나은 욕망의 활용법은 존재하지 않는 것일까요? 이 점에서 스피노자가 명시한 구분법은 제게 많은 도움을 주었습니다. 그는 '적확한 욕망'과 '부적확한 욕망'을 분리했지요. 적확한 욕망이란 자신의 가장 깊은 곳에서 우러나온 욕망으로, 바깥에서 유입되어온 것과는 다릅니다. 우리가 눈여겨 살펴보아야 할 것은 바로 그런 욕망이겠죠. 욕망에 대한 이와 같은 고찰은 우리 존재 깊숙이 자리한 욕망의 정체를 따져보는 데 크나큰 도움이 되어줄 겁니다. 존재의 심연에서 진정으로 갈망하는 것과 현실적으로 추구하는 대상 사이에는 종종 넘기 어려운 괴리가 있기 마련입니다. 살면서 근본적인 욕망에 귀 기울일 시간적 여유가 없다면, 그 삶이 만족스럽지 못한들 놀랄 일이 전혀 아닙니다.

제가 보기에 첫 번째 단계는, 저를 특징짓는 욕망들에 귀 기울이면서 그것들 하나하나를 자식처럼 살피는 것입니다. 제 아이들을 볼 때, 저는 어떠한 선입견도 가지지 않습니다. 그런데 욕망들이 제 안에서 움트는 것을 느낄 때마다 저는 그것들을 무작정 계도하고, 다스리고, 길들이려고만 하지요. 도대체 왜 좀 더 여유를 갖고 지켜볼 수는 없는 거죠? 우리는 즉각적인 행동과 반응을 부추기는 사회에 살고 있습니다. 이메일과 각종 텍스트에 시시각각 대응하게끔 몰아치고 있는 사회에서 우린 지금 충분한 시간을 갖고 평정과 차분함을 이야기하고자 하는 겁니다. 그렇다고 해서 대책 없이 시간만 지체하자는 것은 아니고요, 오직 삶이 하는 말에 귀 기울임으로써 생존 자체를 앞지르는 어리석음을 범하지 말자는 것이지요. 우리는 종종 고통을 느낄 때 최대한 신속하게 해결책을 찾고 싶어 합니다. 앞으로 나아가길 원하며, 덮

어놓고 서두르게 되지요.

그런 뜻에서 '프레시피테précipiter(서두르다)'라는 동사가 참 재미있다고 생각합니다. 라틴어로 그것은 '머리부터 곤두박질치다'라는 의미를 가지고 있거든요. 욕망의 올바른 활용법이란, 욕망이 고개를 들 때 차분하게 지키고 앉아 그것이 어떤 모습으로 지나가는지 조용히 지켜보는 데 있다고 하겠습니다. 제 마음 깊숙한 곳에는 가히 인정사정없다고까지 할 하나의 법칙이 존재합니다. 매 순간 속에 결핍의 낙인이 찍힌다는 법칙이지요. 제 경우, 글을 쓰거나 말을 하는 동안은 모든 것이 '오케이'입니다. 그런데 문득 아이들 생각이 떠오르지요. 아이들과 같이 있을 때는 친구가 그립습니다. 그 친구와 같이 있을 때는 아내가 보고 싶습니다. 항상 그런 식으로 결핍은 현존합니다. 저에게 결핍된 가장 큰 지혜는 바로 그 결핍과 동거하는 방법을 깨닫는 것이지요.

몇 년 전 네팔에서 전직 매춘부 두 명을 만난 적이 있습니다. 그중 한 명이 제게 이런 얘기를 하더군요. "이 세상에 아동 밀거래가 존재하는 한 저는 결코 행복해질 수 없을 거예요." 그때 깨달았습니다, 저의 모든 영적인 노력과 내면 작업도 결핍을 메우려는 희망에는 별로 쓸모가 없다는 사실을요. 그 대신 이제는 실감합니다, 제가 호의적인 자세로 접근할 경우 결핍은 친구가 될 수도 있고, 하나의 샘물, 풍요의 원천이 될 수도 있다는 사실을 말입니다. 참 재미있지요…… 제가 아무리 그 앞을 지나쳐 쏜살같이 달아나도 결핍은 그런 저를 끝끝내 물고 늘어져 종종 제 삶의 폐부를 파고든답니다. 이제 저는 그로부터 도망칠 수 없다는 현실 앞에 겸허히 불려 나와, 그 속삭임에 좀 더 귀 기울이고 그를 친구로 받아들이려 노력하는 입장이지요. 누가 누구의 주인이나 노예가 되는 것이 아닙니다. 저와 저의 결핍이 평화롭게 동거하는 것이지요.

  욕망에 대한 이런 생각은 단순히 살면서 고통을 조금이나마 덜 겪고자 하는 욕망의 결과일 수도 있습니다. 사실 저 자신을 관찰해보면 그와 같은 욕망이 매우 집요해서, 고통 자체보다 오히려 더 저를 고통스럽게 만들기도 합니다. 고통을 겪지 않으려는 욕망이 너무 강하다 보니 늘 저 자신을 삶으로부터 지키려 애쓰는 편이거든요. 그리고 결국에는 그 삶을 만끽할 수 있게 해주는 태도, 즉 내려놓는 삶의 자세에서 자기도 모르게 멀어지곤 합니다. 하루는 아침에 눈을 뜨자마자 속으로 이렇게 중얼거린 적이 있지요. '정오까지는 어떻게든 고통을 겪지 않도록 해봐야지……' 물론 그래봤자 아무 소용없었어요. 아침 9시 33분에 이미 심장에 통증이 느껴졌고, 자존심은 벌써 두세 차례 타격을 받았는가 하면, 거부당하는 몇 번의 손짓에 맞닥뜨려야 했으니까요. 그런 식으로 고통은 제 삶의 명실상부한 일부가 되어온 겁니다. 이런 사실을 바탕으로 저는 고통을 겪지 않으려 애쓰는 제 욕망을 찬찬히 되돌아보게 되었지요. 그러자 무슨 행동을 하건 저 자신에게서 고통 자체를 차단할 수는 없다는 점을 깨닫게 되더군요. 저의 재량을 벗어난 고통이 엄연히 존재하더란 말이죠. 제 아이들을 애지중지해 모든 세균으로부터 보호막을 친다 해도, 삶은 언제라도 제게서 그들을 빼앗아갈 수 있습니다. 더군다나 살아가면서 인위적으로 취할 수 있는 것은 아무것도 없지요. 모든 게 이미 주어져 있으니까요. 결국 욕망이란 현실에 다시금 발붙이기 위한 도구일 수도 있는 겁니다. 불가능한 것이 아닌, 최선의 것을 욕망한다면요. 이는 숙명론에 빠져 이런저런 넋두리를 늘어놓는 것과는 무관합니다. "나는 더 이상 아무것도 하지 않을래" "나는 더 이상 아무것도 바라지 않아" "그래봤자 모두 소용없어" 등등……. 반대로 욕망을 자유의 도구로 삼는 것을 뜻하지요. 저는 제 안에 들끓는 온갖 정열의 준동 속에서 보다 많은 자유를 갈망합니다. 그 갈망을 통해 성숙해진 제가 이렇게 앞으로 나아가고 있습니다.

이완,

긴장감을 내려놓아도
죽지 않는다

✕

누군가를 사랑한다는 것은

그 사람이 이완될 수 있도록 돕는 것

- 스와미 프라냔파드

침실 문에 아내가 작은 팻말을 걸어놓았는데, 거기 새겨진 문구가 평소 제게 큰 도움을 줍니다. "이완은 이완이 아니니, 바로 그래서 내가 이를 이완이라 이르니라." '이완弛緩'이란 제게 무척이나 중요한 단어입니다. 저는 무엇보다 긴장을 푼 상태, 상황을 받아들이는 데서 삶의 희열이 생겨난다고 믿습니다. "이완은 이완이 아니니, 바로 그래서 내가 이를 이완이라 이르니라"라는 말은 사실 '긴장 완화'를 권하는 흔하디흔한 각종 매뉴얼이나 교본의 취지에 비추어 다소 엇나가는 발언일 수 있습니다. '이완'이란 그것을 추구하면 할수록 도달하기 힘든 경지라는 뜻이니까요. 그것은 우리의 내면 깊숙한 곳에 자리한 우리 자신의 참된 모습으로 화化하는 것이라 할 수 있습니다. 한데 그것을 추구하다 보면, 자칫 그 자체를 대상화시키고 맙니다. 선의 전통에서는 대상이 없는 명상을 좌선坐禪이라고 하지요.

좌선이란 정좌한 자세로 취하는 명상입니다. 하지만 상체를 똑바로 유지하기 어려운 저로서는 누워서 명상하는 것에 만족해야 합니다. 하루는 데시마루弟子丸 선사*의 제자 중 한 명을 우연히 만난 적 있는데, 제가 누워서 좌선한다는 이야기를 했더니 상당히 거북해하더군요. 그러나 붓다가 만인을 상대로 가르쳤음을 생각해볼 때, 저처럼 누워서 명상을 한들 아마 다 용서해주실 거라고 믿습니다. 절름발이이든 아니든 우리 모두가 불성을 타고났다면, 각자 자신의 본성에 부응하는 것이야말로 명상의 기본이 아닐까요. '진정한 이완'은 '진정한 이완'이 아니니, 바로 그래서 제가 이를 '진정한 이완'이라 이르는 것 아니겠습니까.

---

* 파리 남쪽 루아르 계곡에 조동종 선원을 세우고, 스위스에 최초의
  선원을 세운 일본 선사

집착을 피해야 한다는 점을 또다시 강조해야겠군요. "진정한 이완이란 이런 것이다"라는 생각 말입니다. 그런 생각을 품고 있는 한, '젠장, 지금 난 이완되지 못한 상태야'라는 생각이 언제라도 틈입할 수 있고, 그 순간 이전보다 더욱 긴장할 수밖에 없습니다. 이완이 자기도 모르게 이루어진다는 바로 그 점이야말로 선禪의 명상이 아름다운 이유입니다. 이완은 진정한 만남의 열매입니다. 불교 신자들이 흔히 말하듯, 그것은 자신의 진짜 얼굴과 대면하는 것, 자신의 진짜 본성을 발견하는 것이지요. 우리는 종종 각자가 연기하는 역할들, 가면들 뒤로 무언가 밀려나 있음을 전혀 의식하지 못한 채 사물의 외양外樣만 더듬으며 세상을 알고자 애씁니다. 진정한 우리 자신과 해후하지 못하는 한, 이완은 겉모습에 불과하지요. 이 대목에서, 스와미 프라냔파드Swâmi Prajnânpad* 의 사색 중 하나가 제게 큰 도움을 줍니다. 그는 누군가를 사랑한다는 것은 그 사람이 이완될 수 있도록 돕는 것이라고 했지요. 참으로 아름다운 처방이지 않습니까?

---

* 인도의 요기이자 유명한 구루

이 멋진 영적 수행법을 저는 길에서 모르는 사람과 마주칠 때나 소중한 사람과 만날 때, 사람이 많은 방에 들어설 때나 누군가와 단둘이 자리할 때, 한결같이 시도해봅니다. 속으로 이렇게 중얼거리면서요. '이 사람이 이완되는 걸 도우려면 내가 무엇을 해야 할까?' 하긴 무엇을 한다는 것 자체가 이미 잘못이겠군요. 무엇을 행하기보다 어떤 존재이냐가 중요할 테니까요.

마음 다잡기,

지금의 결심을 끝까지 지키는 법

✕

1000걸음 나아가다

999걸음 물러나는 것,

그것이 바로 전진이다.

– 아미엘

"일주일 동안 정직한 사람으로 사는 것이 15분간 영웅행세를 하는 것보다 어렵다." 쥘 르나르가 한 이 말은 언제나 제 가슴에 와 닿습니다. 그 메시지를 통해 제가 찾고자 하는 삶의 기술에서 무엇보다 중요한 것은 바로 '마음을 다잡는 일'입니다. 우리는 누구나 한번 품은 마음을 바꾸기 십상이지요. 예를 들어 1월 1일에 우리는 야무진 결심을 합니다. 한데 그 결심이 기껏해야 사나흘을 버텨내기 힘들죠. 꾸준히 밀고 나갈 방도는 없는 걸까요? 쥘 르나르 식으로 말해서, 일주일 이상 정직한 사람으로 살려면 어떻게 해야 하나요?

일단 저는 영웅이라는 개념 자체를 그리 좋아하지 않

습니다. 윈드서핑이나 수상비행기로 바다를 건너는 것보
다 누군가의 죽음을 애도하거나 몸이 아픈 가운데도 생
기를 잃지 않는 등, 일상의 삶을 온전히 끌어안는 것이
훨씬 어렵다고 생각합니다. 단정하는 태도가 아무리 옳
지 않다고 해도 이번엔 어쩔 수 없습니다. 제가 만약 영
웅을 찬양한다면, 그것은 소소한 일상의 영웅을 위한
것입니다.

그런 의미의 영웅을 돕고, 그리하여 우리 자신을 돕
는 일은 아마도 '마음 다잡기'와 '능동적 자세'에 있을 겁
니다. 저는 이 능동의 원칙이 마음에 듭니다. 지금까지
제가 내려놓는 삶의 태도에 대해 많은 이야기를 했지요.
'내려놓는다'는 것은 그냥 '손 놓고 있는 태도'가 결코 아
닙니다. 그것은 스스로를 능동화하는 자세를 말합니다.
전적으로 자기 자신으로서 존재하는 것 말입니다. 선禪
에는 지관타좌只管打坐라는 개념이 있지요. '묵묵히 앉아
있음'을 뜻하는 것으로, 마음을 다잡아주는 수행법입니
다. 가끔, 특히 뭔가 일이 잘 안 풀릴 때, 우리는 닥치는
대로 바꾸고 싶은 충동을 느끼죠. 외모를 바꾸고, 화장

을 고치고, 분위기를 전환해서, 완전히 새로운 모습으로 탈바꿈합니다. 하지만 마음을 다잡는다는 것은 무엇보다 지속하는 것을 의미합니다. 어떻게 해서든 있는 그대로의 내 모습을 유지하면서 계속 전진하는 것이죠. 중요한 것은 지금 그렇게 내딛는 발걸음 그 자체입니다. 내일은 내일이고, 어제는 지난 과거일 따름이니까요. 마음을 다잡는 일은 선禪의 중요한 덕목 중 하나입니다. 지금 이곳에 정좌한 채, 불성이 저절로 솟아오르게끔 하는 것이죠. 인위적인 행동이 아닌, 능동의 자세가 중요합니다. 행동한다는 것은 무언가 새로운 것을 만들어낸다는 뜻입니다. 능동적 자세라는 것은 두 발을 땅에 딛고 그냥 앞으로 나아간다는 뜻이지요. 어떻게든 새로운 무언가를 이루겠다는 욕심 없이 말입니다.

저는 의사를 만날 때마다 진료가 끝날 무렵 이런 질문을 즐겨 합니다. "지금 당장 제가 무엇을 해야 조금 더 나아질까요?" 목덜미가 뻐근하다든지 끈질기게 괴롭히는 삶의 문제가 있을 때, 마음을 다잡는 수행법은 저로 하여금 좀 더 나은 상태를 향해 일단 한 걸음을 내디딜 수 있게끔 해줍니다. 보폭이 크든 작든 그것은 중요한 문제가 아닙니다.

저는 '내려놓는 삶의 태도'와 '마음을 다잡는 자세'가 서로 잘 어울린다고 생각합니다. 마음을 다잡는 일은 미래에 기대를 걸면서 "언젠가는 나아질 거야" 따위의 혼잣말을 중얼거리는 것과는 상관이 없습니다. 천만에요! 그보다는 이렇게 말하는 것에 가깝습니다. "그래, 지금 당장 나아지는 거야. 오늘, 조금이라도 나아지기 위해 내가 내디딜 발걸음을 생각해보자!" 우선 자신을 내려놓을 만큼 담대해지려면 마음을 단단히 먹는 것이 필요합니다. 사실 내려놓는 경지에 입문하기까지, 《금강경》 말고도 낙하산 강하의 체험이 제게 적잖은 도움을 주었답니다. 새로운 실험에 뛰어들겠다는 젊은 날의 객기였다고나 할까요. 하지만 일상의 평범함 속에서 발휘되는 영웅주의만큼 진정성 있는 삶의 체험은 찾기 힘들다는 게 지금의 제 생각입니다. 아침에 자리에서 일어나는 것, 매일 내리쬐는 햇살에 눈부셔 하는 것, 오전 6시면 어김없이 울리는 자명종 소리를 성가셔 하는 것……. 진정한 영웅주의란 그런 데서 찾을 수 있지요. 현실 자체를 송두리째 맛보는 일 말입니다. 낙하산을 메고 뛰어내리기 전까지 우리는 그 낙하산이 제대로 펼쳐질지 아닐지 전혀 모릅니다. 제대로 작동하는 걸 확인하기 위해서는 일단 뛰어내려야만 하지요. 작동하지 않을 경우, 그걸 깨닫는 데까진 그리 오래 걸리지 않습니다! 내려놓기란 어떤 의미에선 그런 거지요.

아리스토텔레스는 "미덕을 실천함으로써 사람은 미덕을 쌓는다"라고 썼습니다.* 우리는 아무리 사소하더라도 자신감이 담긴 행동들을 반복함으로써 자신감 있는 사람이 되지요. 저는 종종 이런 생각을 하곤 했습니다. '자신이 있어야 자신감 있는 행동을 하지……' 하지만 진실은 그 정반대이지요. 매일 조금씩이라도 삶에 신뢰를 담는 행동을 쌓아갈 때, 삶을 향한 신념이 고개를 드는 것입니다. 바깥에서 억지로 끌어오는 것이 아니라, 이미 우리 안에 있는 믿음에 눈을 떠야 하는 것이죠. 저

---

* 아리스토텔레스, 《니코마코스 윤리학》

의 막내딸 셀레스트는 제 품에 안겨 있는 동안 결코 이런 생각을 하지 않습니다. '아빠가 경련을 일으키니까 이제 곧 나를 떨어뜨릴 거야. 그럼 나는 부엌 바닥에 떨어져 어디가 부러지고 말겠지······.' 천만에요! 그 애는 저한테 자신을 완전히 맡깁니다. 마음을 다잡는다는 것은 내려놓는 삶의 자세와 삶에 대한 무한한 신뢰를 결합하는 일이 아닐까요. 삶으로부터 저 자신을 보호하기 위해 과연 제가 할 수 있는 일이 무엇일까요? 아무것도 없습니다. 그럼에도 불구하고 저는 매일같이 생존의 비극에서 저를 지켜줄 방어물들을 빚어내고자 애씁니다. 생존의 비극적 차원 역시 삶의 일부인데 말이죠. 자신의 전 존재로 그 점을 깨닫는다면, 조금도 위축됨 없이 그 비극과 더불어 덩실덩실 춤출 수 있습니다. 하지만 조금씩이나마 그 경지에 다가가기 위해서는 먼저 마음을 다잡는 자세가 절실하지요. 아미엘Frédéric Amiel*은 이렇게 말했습니다. "1000걸음 나아가다 999걸음 물러나는 것, 그것이 바로 전진이다." 고삐 풀린 욕망이라면 단번에 앞

---

* 철학자이자 미학자, 《아미엘 일기》의 저자

서 나가, 우리가 가진 내면의 상처를 깡그리 치유하는 것을 바라겠지요. 하지만 그런 건 결코 가능한 일이 아닙니다. 정작 우리에게 필요한 것은, 치유가 꼭 아니더라도, 상처와 더불어 얼마든지 살아갈 수 있음을 깨닫는 일이지요. 마음을 다잡는다는 것은 어쩌면 2미터 앞도 제대로 분간하기 어려운 안개 자욱한 어느 날 무작정 앞으로 걸어 나가는 것일 수도 있습니다. 이때 저를 도와주는 것이 바로 지관타좌이지요. 누구든 지관只管을 몸소 실천할 수 있습니다. '단지 거기 있기' '단지 아빠로 존재하기' '단지 친구로 존재하기' '나 자신이기를 방해하는 욕망의 개입 없이 단지 조금 나아지기' 등이 모두 지관 수행에 해당합니다. 저는 무한한 인내심을 갖고 저 자신이 되기로 마음을 다잡습니다.

신앙과 기도,

가슴과 머리 사이의
괴리를 기뻐하라

✕

바깥으로 달아나지 말고

너 자신 속을 파고들어라.

진리란

사람의 마음속에 거하는 법이다.

— 성 아우구스티누스

◑

저에게 신앙이 있을까요? 이따금 한밤중에 저는, 이 우
주가 말할 수 없이 광대하고, 얼마 지나지 않아 거기 나
라는 존재가 없을 거라는 생각을 하며 후닥닥 잠을 깹
니다. 그러다 아침이 되면 자신감에 충만한 가슴으로 일
어나지요. 신이 아니기에 내가 신이라 이르는 바로 그 신
이 분명 존재하며, 무한히 자애로우시다는 확신을 갖고
서 말입니다.

그렇다면 과연 제게 신앙이라는 것이 있는 걸까요? 대
답은 '예스'이면서 또한 '노'입니다. 어떤 날은 아침에 일어
날 땐 신앙인이었다가 잠자리에 들 땐 무신론자이지요.
그런데 깊이 생각해보면 답은 '예스' 쪽으로 기웁니다. 가

슴이 하는 말을 들어보면 분명 저는 신의 존재를 확신하는 것이 맞아요. 하지만 합리적인 차원에서는 문제가 보다 복잡해집니다. 가슴과 머리 사이의 이런 괴리를 감지했을 당시 저는 엄청 기뻤습니다. 그것 자체가 존재의 본질을 향해 저를 이끄는 것으로 보였거든요. 마치 바다가 그러하듯, 표층에는 숱한 파도가 일렁이나, 저 깊은 바닥은 어마어마한 고요가 지배하지요. 저는 기쁜 마음으로, 평화로운 가슴의 이야기에 귀 기울여야 옳다는 것을 직감했습니다. 그러고 보니 가슴은 결코 '노'라는 말을 하지 않더군요. 저의 현실, 신체적 장애, 그로 인한 고통, 조롱과 시선들을 가슴은 있는 그대로 받아들였습니다. 그것들을 거북하게 바라본 건 제 머리였어요. 정신 자세라고나 할까요. 그 알량한 심리학을 억지로 끼워 맞춰서 말이죠.

언젠가 저는 수도원에서 어느 수사 한 분을 상대로 제가 품은 의혹과 신앙에 관해 속내를 털어놓은 적이 있습니다. 그분이 이러시더군요. "지금 당신은 하느님과 마찬가지 입장입니다. 당신을 진정으로 사랑하는 이들이 아니고선, 대개의 사람들이 당신을 거의 항상 다른 누군 가로 여기거든요." 그러고는 제게 한 가지 수행법을 제안하는 것이었습니다. 십자가를 하나 건네시더니, 그걸 벽에 내팽개치는 것을 포함해, 지금껏 십자가를 두고 하고 싶었던 온갖 짓을 다 해보라고 하시는 거예요. 저는 곧장 이렇게 대꾸했지요. "수사님, 도저히 그렇게는 못하겠습니다. 신성모독이니까요. 종교를 그런 식으로 모독할 수는 없습니다." 그러자 수사님은 이렇게 말씀하셨습니다. "당신이 종교라고 생각하는 것은 우상숭배에 지나지 않아요." 그제서야 저는 소위 '십자가 수행법'을 시도했답니다. 우선 벽을 향해 그걸 던져버렸지요. 그걸 마구 짓밟기까지 했습니다. 한참을 그러다 보니, 점점 신에 대한 저의 사랑에 두려움이 사라지는 게 느껴지더군요. 그 일을 제 아내에게 들려주자, 아내가 그랬어요. "자신이 사랑하고 아끼는 모든 것을 대상으로 그와 같은 수행법을 시도해볼 수도 있겠군요." 오, 물론 자기 아내를 벽에 패대기쳐버리는 건 생각만큼 쉽지 않겠지요! 그런데 사실 그런 행위엔 대단히 심오한 무언가가 있답니다. 제가 신의 이미지나 제 아내의 이미지를 사랑하는 한, 저는 그것들을 그 자체로 사랑하는 것이 아닙니다. 제가 만약 제 아이들의 나무랄 데 없는 이미지를 사랑하는 것이라면, 저는 그들을 있는 그 자체로 사랑하는 것이 아닙니다.

저에게 기도란 아무런 기대도 하지 않고 신 앞에 알몸이 되는 것입니다. 사람들은 종종 기도를 뭔가를 기원하는 걸로 생각하지요. 저 역시 건강을 기원하고, 번영을 기원하며, 아이들이 무사하게 크기를 매일같이 기원합니다. 한데 《금강경》을 읽은 다음부터는 기도가 기도가 아니어서 제가 바로 그것을 기도라 부르는 것처럼 느껴지더군요. 기도란 이것저것을 달라고 조르는 것이 아니었어요. 무얼 달라고 말하는 순간, 우리는 전체로부터 스스로를 단절하고, 고착시키며, 어떤 결과에 자신을 가두고 맙니다. 정녕 하느님이 존재한다면, 아마 그런 우리의 기도를 시원스레 척척 들어주는 일은 일어나지 않을 거예요. 우리가 가진 욕망의 대상을 깔끔하게 쟁반에 담아, "자, 너희가 주문한 음식이 나왔단다!" 하며 내놓으실 분이 아니지요. 그보다는 아마 이러실 겁니다. "기도는 기도가 아니니, 바로 그래서 내가 이를 기도라 이르니라." 다시 말하자면, "기도에 대한 응답은 기도에 대한 응답이 아니니, 바로 그래서 내가 이를 기도에 대한 응답이라 이르느라"가 되겠죠. 아무런 기대 없이, 자신을 활짝 열어놓는 것! 《금강경》을 읽는 것은 순수한 귀 기울임으로만 존재하기 위해 심연으로 뛰어드는 일입니다. 무엇이든 바꾸려는 의도를 버린 채 삶을 그대로 두고 보는 것, 결과와 응답에 대한 집착을 과감히 놓아버리는 것 말입니다. 이때 침묵은 자원의 보고일 수 있습니다. 가끔은 시련 속의 저의 기도가 그저 거기 존재하는 것에 불과할 수도 있지요. 그때 저는 굳건한 신뢰 속에 아무 기대 없이 대기하고 있는 겁니다. 신 앞에서 모든 것을 신뢰하되 아무것도 기대하지 않고 알몸으로 존재하는 것. 신뢰와 믿음, 그것은 '나는 이것저것을 기대한다'는 태도와는 아무런 상관이 없습니다.

성 아우구스티누스의 문장 하나가 저에게 많은 도움을 줍니다. "바깥으로 달아나지 말고 너 자신 속을 파고들어라. 진리란 사람의 마음속에 거하는 법이다." 중대한 결정을 내려야 할 때마다 저는 성 아우구스티누스의 이 말씀을 따르려고 하지요. 영혼의 잠수함을 타고 저의 깊은 심연으로 내려갑니다. 온갖 변덕의 소용돌이 속에서 제게 구체적인 길이 아닌 하나의 방향을 가리켜주고, 내디뎌야 할 첫걸음을 암시해주는 조용한 충고의 목소리에 귀 기울이는 것이죠. 그리하여, 기도는 기도가 아니니 바로 그래서 내가 이를 기도라 이른다는 말이 또다시 중요해지는 겁니다. 예전에는 기도를 이것저것 해달라는 절박한 주문처럼 생각했던 적이 있지요. 만약 기도가 그런 거라면, 그것은 신의 위대함은 물론, 인간의 자유마저 철저히 부정하는 일이 될 겁니다.

기독교인에게 기도란 무엇보다 만남을 의미합니다. 그리스도, 즉 예수와의 만남이지요. 감히 인간의 시각에서 바라볼 경우, 예수의 행적에서 제 마음에 드는 점은 그가 실패 속에서 전격적인 생명을 주창했다는 사실입니다. 제가 보기에 십자가는 '희망의 제로 상태'를 의미합니다. 십자가에 이르러 예수는 모든 걸 망쳐버렸지요. 만사가 실패했습니다. 그러나 신자인 기독교인에게는 바로 거기에서 생명이 시작됩니다. 생명이 움틀 자리가 생겨나고, 패배와 동시에 생명의 승리가 시작되지요. 인생에서의 제로 상태 또한 그와 같습니다. 희망의 빛이 전혀 보이지 않는 지점이지만, 그 제로 상태가 곧 구원의 장소로 탈바꿈합니다. 저는 기도 중에 종종 그런 생각을 하지요. 진짜 절망에 빠져, 더는 손 쓸 건더기가 없을 때, 저는 과감하게 모든 것을 내려놓습니다.

언젠가 밤에 침대에 누워 있는데 도무지 잠이 오지 않더군요. 목덜미 경직을 완화하기 위해 입안에 마우스피스를 착용했고, 잠을 조금이라도 편히 자기 위해 코에 호흡 펌프도 부착해두었죠. 다리 쪽에도 통증을 줄이려고 거추장스러운 장치를 장착한 상태였습니다. 그런데도 잠을 못 이루는 거예요. 그래서 기도를 했는데, 그런 상황에서는 하느님도 저와 마찬가지로 무기력하다는 걸 느꼈습니다. 역설적이게도 그런 깨달음이 저로 하여금 모든 걸 내려놓게 만들어주더군요. 그런 걸 두고 아마 기적이라 하는 모양입니다. 10분 정도 지나자, 아주 요란하게 코를 골고 잤으니까요.

나약함과 인내,

마음의 상처를 끌어안을
용기가 필요하다

✕

친구여, 인내하라!

주님 앞에 서길 원하는 사람은

먼저 유혹을 견디며

40년을 걸어가야 하느니.

- 안겔루스 질레지우스

청년 시절, 저는 약한 것에 대한 예찬을 책으로 펴냈습니다*. 오늘날 저는 그때보다 신중해져 있을 겁니다. 상처를 가진 약함이 사람을 아프게 하고, 때론 죽일 수도 있음을 깨달았거든요. 따라서 '내려놓기'에 입문하려면 그만큼 만만치 않은 삶의 기술을 갖추어야 합니다. 운명의 장난처럼, 갑자기 떨어지는 기왓장에 머리가 깨지지 않으려면 말입니다. 제 경우는 아무리 눈을 씻고 찾아도, 가장 도움이 되는 건 내려놓는 삶의 자세와 참된 벗이더군요. 좋지 않은 상황에 처해 있을 때, 다행히 제게는 이렇다 저렇다 잔소리 하나 없이 저를 향해 마음을

* 알렉상드르 졸리앙,《약자의 찬가》

활짝 열어주는 아내가 곁에 있었습니다. 조건 없는 사랑을 경험한 셈이죠. 보통 누군가 곁에서 괴로워하면 우리는 곧바로 사회적 역할을 자임해가며 온갖 담론들로 그 고통을 채워주려는 경향이 있지요. 우리 안에 비슷한 상처들이 파도처럼 고개 드는 것을 침묵으로 지켜봐주는 대신 말입니다. 이따금 그것이 나약함의 파도일 때, 저는 버둥거리다가 다시금 그 속에 휘말리고 맙니다.

그리 오래전은 아닙니다만, 저는 한때 지독한 좌절을 경험한 적이 있습니다. 무척 두렵더군요. 친구에게 전화를 걸어 이렇게 말했습니다. "지금 탈수 중인 세탁기 속에 들어가 있는 기분이야……" 제대로 탈수가 되려면 분당 1300번의 회전은 필수 아닌가요? 저는 이렇게 물었습니다. "이제 난 어떡하면 좋지?" 친구가 제게 대답했습니다. "아무것도 하지 마. 그냥 가만히 기다려!" 그때 불현듯 저는 내려놓는 기분을 이해했습니다. 당시 극도로 안 좋은 상태에서 어떻게든 상황이 나아지기를 바라고 있던 저에게, 파도가 지나가길 그저 기다리라는 말이었습니다. 그 순간만큼은 침대로 가서 똑바로 누워 발가락

하나 까딱하지 않는 것이야말로 최고의 용기 있는 행동이었다고 지금도 생각합니다. 아무것도 바꾸려 하지 말라는 것이죠. 역설적이지만, 결국 그렇게 하는 것이 상황을 변화시키는 데 가장 큰 도움이 되었습니다. 그냥 거기 그렇게 있도록 노력하는 것. 아니, 노력하지 말고, 그냥 거기 그렇게 있는 것. 안겔루스 질레지우스Angelus Silesius*의 글 중 가슴 깊이 와닿는 구절이 하나 있어 소개합니다. "친구여, 인내하라! 주님 앞에 서길 원하는 사람은 먼저 유혹을 견디며 40년을 걸어가야 하느니." 40년이라 하면 매우 긴 시간이죠. 근데 제가 가진 상처와 나약함의 페이지들을 빨리 좀 넘겨버리고 싶은 게 저의 솔직한 심정이거든요! 이 대목에서 안겔루스 질레지우스는 제가 갖춰야 할 태도를 정확히 지적해줍니다. 그런 면에서 그분 말씀은 매우 풍부한 가르침을 담고 있는 것 같아요. 내려놓는 삶의 태도란 어쩌면 자신의 나약함을 더 이상 물리쳐야 할 적으로 여기지 않는 자세를 말하는 건지도 모릅니다. 자신의 상처를 거북하게 여기

---

* 독일의 시인이자 신비주의자

지 않고, 오히려 기꺼이 끌어안는 자세 말이죠. 친구여, 인내하라! 주님 앞에 서고 싶은 자는 기쁨 가운데 있어야 할지니! 저에게 기도란 바로 그런 것이지요. 희열에 휩싸인 채, 자신의 깊은 심연에 거하는 것! 하지만 먼저 온갖 유혹을 견디면서 40년 동안을 꿋꿋이 걸어가야 합니다.

혹시 '먼저'라는 표현을 빼버려도 될지 모르겠습니다. 인간은 상처와 고뇌 속을 40년 동안 걸으면서도 충분히 기뻐할 수 있는 존재니까요. 인생과의 인연을 정리하고 나서야 행복해지는 건 아닙니다. 지금 바로 이곳에서, 숱한 상처와 더불어, 저는 얼마든지 희열을 느끼고 있으니까요. 다음 탈수 때(분당 1300번 회전이라니!) 반드시 기억해 둘 것은 "꿋꿋하게 인내하라!" "발버둥치지 마라!" 입니다. 그것이 아마도 용기의 정점을 찍는 태도일 겁니다. 에픽테토스처럼* 우리도 우리의 재량에 달린 것과 우리의 재량을 벗어난 것을 구분해서 생각해보죠. 우리의 재량에 달린 것—능히 피할 수 있는 상처와 고통들

---

* 에픽테토스, 《담화론》

―에 대해서는 최선을 다해 상황의 변화를 이끌어야겠지요. 하지만 끈덕지게 우리의 발목을 잡아, 도저히 피할 수 없는 상처도 존재합니다. 원래 삶이란 그런 것이죠. 따라서 안겔루스 질레지우스와 더불어 꿋꿋하게 견뎌나가는 것이 필요합니다. 이따금 참지 못하고 안달하는 저 자신이 원망스러울 때가 있습니다. 어쩌면 바로 그 지점에서 진정 거대한 인내가 시작되는 것인지도 모르지요. 참지 못하는 자신의 조급한 성향을 꿋꿋이 버텨내면서부터 말입니다. 《금강경》에서 석가모니 붓다는, "거대한 인내 속에는 인내하는 자가 없다"는 말씀으로 우리에게 중요한 삶의 도구를 건네줍니다. 달리 말해서, 인내란 노력이나 긴장이 아니며, 있는 그대로 두는 것, 내려놓는 그 자체를 뜻한다는 이야기이지요.

감사,

집착하지 않고 매달리지 않으면서
모든 걸 누리는 지혜

✕

"양지바른 이 자리는 내가 임자야"라고

말하는 순간,

온 세상을 향한 침탈이

시작되는 것이다.

- 블레즈 파스칼

◐

저에게 무엇보다 소중한 어떤 단어의 의미를 잠시 음미해봅니다. 바로 '연습'이라는 단어지요. 가령 '감사 연습'이라는 표현을 생각해보죠. 저는 행복이 쟁취를 통해서 얻어진다고 종종 생각해왔습니다. 무언가를 소유하고, 차지하고, 쟁취해야만 한다는 것. 그런데 우리는 어쩌면 있는 그대로의 상황에 마음을 활짝 열고, 일상에 자신을 내어줌으로써 기쁨을 누리는 게 아닐까요. 제가 보기에 기쁨이란 쟁취보다 받아들이는 행위를 통해 더 잘 얻어지는 것 같습니다. 요컨대 삶이 베푸는 모든 것을 받아들일 줄 아는 우리의 능력은 바로 '감사 연습'을 통해 활짝 피어나는 것이 아닐까요?

우선 우리 주변을 잘 관찰하는 것이 필요합니다. 플라톤은 《고르기아스》에서 밑 빠진 통이라는 아주 그럴듯한 이미지를 사용하고 있죠. 그 안에는 무얼 넣어도 죄다 새나가고 맙니다. 삶 역시 그러합니다. 아무리 열심히 긁어모은 것도 우리를 채워주진 못하죠. 삶이 건네는 과실, 선물들을 우리는 그 밑 빠진 통으로는 받아낼 수 없습니다. 과연 우리가 밑 빠진 통일까요? 이것이야말로 원초적인 의문점이 아닐까 합니다! 때로 우리의 깊은 내면에서 느껴지는 알 수 없는 공허와 결핍이 그 밑 빠진 통의 정체성에서 유래한다는 생각 말입니다! 비록 하루하루가 지나면서 조금씩, 아주 조금씩 깨달은 것이긴 하나, 어쨌든 그런 사정에 저는 점차 눈을 뜨게 되었습니다. 사실 그 '조금씩'이라는 것이야말로 삶의 기술이 난해한 이유죠. 하루는 왠지 상태가 좋고 자유분방한 기분이었다가, 바로 다음 날에는 지극히 사소한 일로 인해 나락으로 곤두박질치니까요.

얼마 전부터 저는 유도 강습을 받고 있답니다. 지금은 노란띠죠. 누구든 제 지갑을 슬쩍 하려는 사람은 그 노란띠의 의미를 곧바로 깨닫게 될 겁니다! 수련 중에 저는 어느 잘생긴 유도 선수를 상대하게 됐는데, 그때 이런 생각이 들었습니다. '아, 나도 이런 단단한 몸을 가졌더라면 얼마나 좋을까!' 그도 그럴 것이, 근육질 체격에 단단한 복부, 아폴로 신을 연상시키는 떡 벌어진 어깨가 그야말로 환상적이었거든요. '내가 이런 몸매의 소유자라면 어떤 왕도 안 부러울 거야. 세상 여자들이 모두 나를 좋아하고, 아무도 놀리거나 비웃지 않을 텐데 말이지……' 그런데 막상 대련이 끝나자 그 멋진 상대 선수는 눈물을 찔끔거리고 있지 않겠습니까! 저와의 승부에서 패배했거든요. 위로가 안 되는 지경이었습니다. 갈색 띠를 따지 못했다는 생각에 눈물을 멈출 수가 없었던 거죠. 반면 저는 수련 시간 내내 사람들의 이목을 끌었습니다.

강습을 받던 초기에 저는 바닥에 떨어질 때마다 웃음이 터져나와서 혼났답니다. 옛날에 의사가 우리 부모님께 "이 아이는 걷지 못할 겁니다"라고 귀띔해준 이야기를 떠올리면서 거의 깔깔대며 일어서곤 했지요. 제 경우에 감사란 이 몸이 어디에서 났으며, 삶으로부터 무엇을 부여받았는지 아는 데서 시작한다고 생각합니다. 잘생긴 상대 선수를 제가 아무리 선망의 눈초리로 본다 한들, 그보다 유도 급수도 한참 낮은 데다 그와 같은 멋진 몸을 가질 수 없다는 건 자명한 사실이지요. 최고의 식이요법을 실천하고 근육 강화 훈련을 해도, 결코 저는 그런 체격을 갖추지 못할 겁니다. 대신 매트 바닥에 곤두박질칠 가능성을 불사한 채 그곳까지 가려고 힘겹게 한 발 한 발 내디딘—정말 글자 그대로 말입니다—걸음들을 떠올린다면, 제가 느낄 희열의 정도는 아마 가늠하기조차 어려울 겁니다.

감사하는 마음은 실존의 비극을 부정하는 것이 아닙니다. 고통에 빠져 있는 사람을 상대로 "자네가 얼마나 잘 지내고 있는지 보게나!"라고 말하는 것은 가당치 않지요. 그건 거의 욕이나 마찬가집니다. 고통의 당사자로 하여금 스스로 느끼는 아픔에 죄책감까지 보태도록 강요하는 셈이기 때문이지요. 감사란 잘되어가는 일을 마음에 담아, 주어진 모든 것을 긍정적으로 음미하는 자세입니다. 당장은 과거로 눈을 돌려보는 것도 좋을지 모릅니다. 제 경우에는 혹시라도 후회나 회한에 사로잡힐까 봐 그러기를 거부하는 편입니다만. '감사 연습'은 분명 과거를 돌이켜보는 것으로 이루어지기도 합니다. 소위 이냐시오 전통*에서는 삶을 그냥 스쳐 지나지 않기 위해 이 같은 돌이켜봄의 수행법을 권하지요. 이 수행법에 처음 매진했을 당시, 저는 매일 저녁 스스로에게 이런 질문을 했답니다. '나는 오늘 하루에서 무엇을 건졌는가?' 하지만 지금은 그 질문이 이렇게 바뀌었지요. '오늘 하루가 지금 당장 내게 무엇을 주었는가?' 눈물 흘리는 유도 선수는 바닥에 수시로 곤두박질칠 만큼 초라하고 나약하기 짝이 없지만, 그래도 꿋꿋이 버티며 앞으로 나아가는 '나'라는 존재를 음미할 수 있게 해준 셈입니다.

블레즈 파스칼의 무척 아름다운 문장 하나가 저를 감사하는 자세와 집착 없는 마음가짐으로 이끌어줍니다. "'양지바른 이 자리는 내가 임자야'라고 말하는 순간,

---

* 보다 지적이고 논리적인 사유를 강조하는 영성 수련 전통

온 세상을 향한 침탈이 시작되는 것이다." 그렇습니다, 삶을 거저 주어지는 선물이 아닌 당연히 제 것인 권리로 여기는 순간, 그리하여 "양지바른 이 자리는 내가 임자야"라고 말하는 순간, 고통은 물밀 듯 밀려드는 법입니다. 삶을 마무리하는 시점에 모든 걸 내려놓아야 한다는, 이것 하나는 누구도 부정 못할 자명한 사실이거든요. 따라서 모든 걸 삶 자체에 맡기는 편이 낫습니다. 아이들은 물론 우리 자신, 친구들 모두의 건강도 당연히 주어져야 할 몫이기보다는 엄청난 선물로 여기는 게 좋아요. 요컨대 감사란 그동안 받은 '선물'을 새롭고 홀가분한 마음으로 되새겨보는 자세를 뜻합니다. 집착하지 않고, 매달리지 않으면서, 모든 걸 더욱 충만하게 누리는 지혜가 그 안에 있습니다.

무상성無償性,

행복한 아이는 인생의 의미를
떠올리지 않는다

✕

장미는 '왜'냐는 물음 없이 장미입니다.

꽃이 피어나기에 꽃이 피어날 뿐입니다.

자기를 걱정하지 않으며,

'내가 잘 보여요?'라고 묻지 않습니다.

– 안겔루스 질레지우스

아이들이 노는 광경을 바라보노라면 삶과 그 아이들의 순진무구한 관계가 제게는 그저 아득하게만 느껴집니다. 저는 하루가 어떤 소득을 가져다주길 항상 기대하지요. 하루를 시작할 때나 마무리할 때나 그저 조금이라도 저 자신이 더 나아지기를 갈망하고요. 도대체 아이들과 같은 순수하고 무상無償한 태도를 어떻게 하면 되찾을 수 있을까요? 어떻게 해야 아이처럼 삶과 함께 마음 편히 노닐 수 있을까요? 도원 선사께서 말했듯, "아무 목적 없이, 아무 이해타산 없이" 말입니다. 솔직히 하루를 어떤 목적의식에 집착하며 보낼수록 목표를 달성하지 못한 데서 오는 스트레스가 더 심한 것 같습니다. 그래서 저는 매일 아침, 어차피 이루지도 못할 온갖 목표들로 머릿속만 복잡한 터라, 정신수양 겸 저 자신에게 다음과 같은 질문을 건네지요. '하느님이 내게 허락하시는 이날 가장 중요한 것이 무엇인가?'

교황 요한 23세께선 1962년 12월 23일자 자신의 《영혼의 일기》에 이렇게 적었습니다. "오늘은 어제보다 덜 나빴다. 그런 오늘보다 내일은 좀 더 나을 것이고, 그렇게 계속 나아질 것이다. 하느님의 은총이 함께하기를. 나는 아무리 강조해도 지나치지 않을 하나의 원칙만을 고수할 것이다. 마치 살아서 다른 할 일이 없는 사람처럼, 주님이 나를 세상에 내신 이유가 오직 그것뿐인 것처럼, 그리하여 오로지 그 하나를 이루는 일에 나의 구원이 달려 있는 것처럼, 모든 사소한 일, 작은 기도, 세세한 규칙들을 철저히 수행해나갈 것이다." 그러고는 또 이렇게 덧붙였습니다. "이 원칙은 언제나 자기 자신을 자각하고, 자기가 하는 일에 전력을 다하며, 신이 지켜보는 앞에서 굳건히 매진할 것을 내게 요구한다. 하지만 정작 실효를 거두기 위해서는 그런 원칙이 일상의 처음 취하는 동작에서부터 꼼꼼히 적용되어야만 한다." 그야말로 선의 정신과 놀랄 만큼 유사한 말씀이지요.

구체적인 행위에 자신의 존재 전체를 몰입시키면서 어떻게 역설적으로 무상한 마음가짐으로 자신을 놓아둘 수 있을까요? 여기에는 '무소유無所有'라는 신비스러운 선의 용어가 많은 도움을 줍니다. 이는 곧 '무언가를 얻고자 하는 마음이 없는 상태'를 일컫지요. 바로 이 용어를 통해서 모든 걸 꿰뚫어볼 수가 있습니다.

에티 힐레숨Etty Hillesum*은 자신의 일기에서 사람은 항상 준비 단계를 살아간다고 썼습니다. 요컨대 누구나 앞으로 다가올 행복을 희구하며 살아갑니다. 사람을 만나는 것도 행복하기 위해서입니다. 언젠가는 무언가를 깨치기 위해 지그재그의 행보를 이어가는 것이지요. 어떤 일을 달성하건 또 다른 일이 기다리고 있으며, 결국 기진맥진한 상태에 도달할 위험성은 언제나 존재합니다. 이 경우에도 교황 요한 23세의 말씀은 비단 신자에게만 호소력을 갖는 것이 아닙니다. "나는 지금 이 순간 행하

* 아우슈비츠에서 죽음을 맞이한 유대인 작가이자 영성주의자

는 일을 위해 만들어진 존재다." 지금 제가 마이크에 대고 이야기할 때, 저는 이 마이크에 대고 이야기하기 위해 태어난 존재입니다. 제가 책을 읽고 있다면, 저는 이 책을 읽기 위해 태어난 존재이지요. 제가 살아온 모든 내력이 결정적인 순간 그 한 점으로 강물처럼 흘러듭니다. 저의 고통, 기쁨, 그 모든 삶의 파편들이 지금 이곳에서 벌어지는 하나의 행위로 수렴됩니다. 다음을 생각하지 않고 하나의 행위에 나의 전 존재가 몰입할 수 있습니다. 안겔루스 질레지우스는 이렇게 말했습니다. "장미는 '왜'냐는 물음 없이 장미입니다. 꽃이 피어나기에 꽃이 피어날 뿐입니다. 자기를 걱정하지 않으며, '내가 잘 보여요?'라고 묻지 않습니다." '왜 사느냐?'는 질문에는 종종 '다른 누군가를 위해'가 개입합니다. 결국 우리는 하찮은 존재입니다. 조만간 명줄이 끊긴다는 것은 자명한 사실입니다. 그때 우리에게 무엇이 남을까요? 아무것도, 기껏해야 별것 아닐 겁니다. 그러니 무상無償함을 음미할 수밖에요. 생존 자체에는 아무런 의미도 없습니다. "내 인생은 의미가 있었다"라고 말하기에는 귀납적으로 증명될 만한 의미가 턱없습니다. 내가 왜 존재하느냐에 대한 답을 찾을 길이 없습니다. 삶은 정말로 거저 주어진 것입니다. 그냥 오늘 이렇게 있는 나의 최대치를 쏟아부을 방법이나 고민해보는 것이 낫습니다.

"행복하려면 이걸 해야 한다"든가, "올해 이 목표를 달성하지 못하면 내 인생은 종 치는 거야" 따위의 어떤 목적의식에 압도당할 때, '왜냐는 물음 없이 사는 것'은 큰힘이 되어줍니다. 삶은 종 치는 법이 없습니다. 삶은 성공하기 위한 것이 아니에요. 산다는 것 자체가 이미 궁극의 목표입니다. 오늘 아침 기저귀를 갈면서 발을 버둥거리는 셀레스트를 보니, 함박웃음을 머금고 있더군요. 꼼지락거리는 자기 발가락, 손가락을 쳐다보는 아이의모습은 환희와 믿음 그 자체였습니다. 그냥 주어진 그대로 경이로운 생명이었습니다. "나는 왜 존재할까?" 같은의문은 거기에 들어설 틈조차 없습니다. 아빠가 보는 앞에서 예쁜 척하지도 않습니다. 거기 발랑 누워 기저귀를 가는 동안, 삶에 자신을 활짝 열어젖혀 웃을 뿐입니다. 저는 잠시 이 아이의 입장이 된 저 자신을 상상해보았습니다. 뒤로 벌렁 누워 두 발을 허공에 버둥대는 모습으로요. 아마 스스로 수많은 질문을 떠올리고 있을 겁니다. '이러다 감기 들겠네. 도대체 언제 끝나는 거지?' '오늘은 무얼 하며 지낼까?' '오늘은 어떤 친구를 만나게 될까?' '아빠는 왜 나를 저런 눈으로 보고 있지?' 같은 질문을 말이죠.

아기의 단순함이야말로 무상성無償性의 표본입니다. 아기는 아무런 보호 수단 없이 날것으로 세상에 '주어진' 존재입니다. 그런 존재의 믿음을 우롱하는 것은 정말 참혹하고 파렴치한 짓이지요. 항상 현재를 사는 아기는 인간의 스승입니다. 셀레스트는 살기 위한 준비를 전혀 하지 않습니다. 그냥 살죠. 무상성은 이미 주어진 무엇입니다. 저는 손을 내밀기만 하면 됩니다.

겸허,

자책하지도 자만하지도 말고……

✕

화장실은 겸허함을 배우는 장소다.

- 어느 영국 작가

겸허라는 빛나는 미덕을 생각할 때마다 제 머릿속에 떠오르는 이미지가 바로 거울입니다. 선에서는 텅 빈 거울을 이야기하지요. 사실 거울은 실재를 왜곡하지 않고 있는 그대로 반영합니다. 거기서 무얼 특별히 취한다거나 제외시키지 않지요. 거울 앞에 오물을 갖다 놓아도, 거울은 깨끗합니다. 거울 앞에 다이아몬드를 갖다 놓거나 치명적인 미인을 데려다 놓아도, 거울은 자신이 바라보는 대상 때문에 흔들리는 법이 없습니다. 제가 보기에 겸허란 우선 사물을 있는 그대로 비추면서 자기 자신을 적확하게 파악하는 것입니다. 성 토마스 아퀴나스와 아빌라의 성녀 테레사의 삶을 살펴보면, 있는 그대로의 존재를 볼 줄 아는 지혜 그리고 진실 속에 거하는 자세에서 오는 겸허함의 이미지가 그려집니다. 우리 내면의 혼돈은 물론, 세상 모든 것과의 공존을 체험케 해주는 겸허함은 그 자체로 자신에게 매몰되는 것을 막는 일종의 영적 수행법입니다. 겸허란 무엇보다 진실함을 일컫습니다. 다만 주의할 점은, 진실하다는 것이 자신의 쓰레기통들을 죄다 비우는 걸 뜻하진 않는다는 사실입니다. 진실하다는 것은 진실하려고 '애쓰는 것'이 아닙니다. 단지, 무얼 그냥 보태지 않는 겁니다. 마치 거울이 실재에 아무것도 덧붙이거나 빼지 않는 것처럼 말이죠. 겸허는 하나의 도구가 될 수도 있습니다. 스스로 지나침 없이 있는 그대로의 존재가 되도록 해주는, 또한 바꾸려는 의도 없이 타자 또한 있는 그대로 바라보게끔 해주는《금강경》속의 금강석 같은 도구 말입니다.

겸허함을 방해하는 것은,《신약성경》의 '복음서'가 말하는 것처럼 자신의 역량과 재능에 눈을 뜨는 것이라기보다는, 과도한 포부 자체입니다. 가령 자기 삶을 좌지우지하겠노라 큰소리친다든지, 남의 생각을 바꾸겠다며 욕심을 부릴 때, 그만큼 저는 땅에서 멀어지는 셈입니다. '겸허'를 뜻하는 프랑스어 '위밀리테humilité'는 '위뮈스 humus', 즉 '땅'을 뜻하는 어근을 갖는데, 이는 '유머humour'라는 단어와도 연결되지요. 유머는 남을 조롱하기 위한 것만 아니라면 우리를 있는 그대로의 소탈한 모습, 즉 땅을 디딘 자세로 쉽게 환원시켜줍니다. 어떤 영국 작가가 이런 말을 했습니다. "화장실은 겸허함을 배우는 장소다." 겸허란 더도 덜도 말고 딱 제자리에 있음을 뜻합니다. 스피노자가 생각한 것처럼, 그것은 자기 자신한테 전적으로 동의하는 마음 자세와도 일맥상통합니다. 자기 자신을 비난하는 마음은 행복과 동의, 존재의 희열과 쾌감을 바깥세상에서 구걸하기 마련입니다. 반면 겸허한 마음의 소유자는, 언제나 현실에 밀착하기에, 바깥에서 행복을 들여올 필요가 없습니다. 자신을 비난하는 자 못지않게 자만하는 자 역시 겸허와는 거리가 멉니다. 전자가 타인을 중시한 나머지 자신과 단절되어 있다면, 후자는 자기만 알아 세상으로부터 단절되어 있기 때문이지요. 제 경우는 에피쿠로스의 지론 중 하나가 겸허함을 배우는 데 적잖은 도움을 주었습니다. "누군가로부터 당하는 비판은 나에게 실보다 득이 될 가능성이 크다."

남의 지적을 결코 불쾌하게 여기지 않고, 작금의 현실을 전적으로 수용하는 자세가 겸허라는 사실에 저는 만족합니다. 저는 어제의 제가 아니고, 내일의 저 또한 아닐 것입니다. 저는 지금 여기 있는 그대로의 저 자신일 때 겸허합니다. 그렇게 겸허히 존재한다는 것은 곧 전적으로, 충만하게, 환희에 넘쳐 존재함을 의미합니다.

구비오의 늑대,

인생의 불편한 적들을 끌어안아라

✕

사나운 짐승이 나타나면

아시시의 프란체스코 성인이

구비오의 늑대한테 했듯이 하면 돼요.

"늑대 형제여,

이제 당나귀 형제를 그만 잡아먹게나."

– 빅토린 + 아시시의 성 프란체스코

◗

제가 외우고 있는 시인 루미*의 구절 하나는 제 마음에
큰 변화를 가져다주었기에, 지금도 늘 가슴을 설레게 만
듭니다. "한 인간 안에 사랑, 고통, 불안, 소망이 존재하
나니, 그가 수십만 우주를 소유하는 한, 휴식과 고요를
누릴 수는 없으리라." 휴식은 외부로부터 오는 것이 아닙
니다. 평화는 어디서 찾아야 할까요? 부족함이 없는 상
태는 어디서 구해야 할까요? 아마도 더 이상 평화를 찾
지 않거나, 내적인 혼돈을 억지로 진정시키려 들지 않는
가운데 얻어질지도 모릅니다. 즉 그렇게 편안히 공존하

---

* 잘랄 아드딘 아르 루미(Jalāl ad-Dīn ar Rūmī), 13세기 이란의 시인이
  자 신비주의자

는 법을 터득함으로써 말이지요. 요컨대 편안하지 못한 상태를 편안하게 만들려고 애쓰지 말아야 비로소 편안함이 찾아든다는 발상이 저는 마음에 듭니다.

오늘 저는 아이들을 학교에 데려다주면서 온갖 위험과 사나운 개들, 질병에 대해 조심하라고 주의를 주었습니다. 그러자 빅토린이 작지만 확신에 찬 목소리로 이러는 거예요. "사나운 짐승이 나타나면 아시시의 프란체스코 성인이 구비오의 늑대한테 했듯이 하면 돼요. 그분이 우리 형제라는 거 잊지 않고 있어요."

하루는 이탈리아의 구비오라는 요새 마을에서 아시시의 프란체스코 성인을 불렀습니다. 인근 지역에 출몰하는 사납고 덩치 큰 늑대 때문에 마을 주민들이 공포에 질려 있었거든요. 프란체스코 성인은 문제의 늑대와 화해하기를 원했지요. 그는 다른 형제 한 명을 대동하고 요새 밖으로 늑대를 찾아 나섰답니다. 구비오의 주민들은 일제히 그를 향해 외쳤습니다. "가지 말아요!" "그러다가 늑대에게 잡아먹히고 말 겁니다!" 하지만 프란체스코 성인은 오히려 걸음을 빨리했지요. 순교로 죽음을 맞이할 기회라 생각했거든요. 늑대가 있는 곳으로 가려면 먼저 황량한 사막을 지나야 했습니다. 저는 이 사막의 이미지가 마음에 듭니다. 그것은 우리를 괴롭히는 악마들과 화해하기 전에 종종 건너야 하는 내면의 사막을 환기해주거든요. 목을 축일 샘 하나 없이 모든 게 바짝 말라버린 황무지. 마침내 프란체스코 형제는 늑대를 발견하고 그쪽으로 다가갔습니다. 그는 성호를 그은 다음, 늑대에게 말을 걸었지요. "늑대 형제여, 이제 당나귀 형제를 그만 잡아먹게나." '당나귀 형제'란 아시시의 프란체스코 성인이 사람의 육체를 칭할 때 사용하는 말입니다. 제 생각에 그런 호칭은 육체를 다루는 아주 멋진 방법 같습니다. 당나귀 형제라……, 자칫 몸뚱어리를 경멸하는 듯한 표현처럼 들릴 수도 있지만 사실은 그렇지 않습니다. 아시시의 프란체스코 성인은 살아생전 몸과의 관계를 원만하게 이끌었지요. 저 자신도 무한한 애정을 갖고 제 몸을 당나귀 형제라 부르며 즐겨 말을 건답니다. 당나귀 형제는 가끔 엉뚱한 짓을 벌이기도 하지요. 제가 바라지 않는 동작을 혼자 마구 저지르는 일도 다반사고요. 아무튼 프란체스코 형제는 늑대와 대면한 지 얼마 안 되어 녀석을 길들이는 데 성공했습니다. 전설에 의하면, 그 후 2년 동안 구비오의 주민들은 그 늑대를 각별한 우정으로 돌보아주었고, 늑대가 죽음을 맞을 즈음에는 아주 친한 친구를 잃는 슬픔에 너나 할 것 없이 눈물을 흘렸다고 합니다.

물론 전설 속의 이야기일 뿐입니다. 믿든 안 믿든 각자의 자유죠. 하지만 이 이야기는 우리 인생에서 흉포한 늑대처럼 난동을 부리는 불안, 두려움, 슬픔 등등에 대해 어떻게 대처해야 하는지를 잘 보여줍니다. 생각 같아서는 모조리 패대기쳐 명줄을 끊어놓든지, 벽에 못으로 박아버리고 싶을 정도로 미운 내면의 적들 말입니다.

빅토린은 난데없이 구비오의 늑대 이야기를 꺼냄으로써 내면의 적들에 대한 또 다른 대처법이 있다는 사실을 제게 환기시켜준 셈입니다. 내면의 적이 아닌 내면의 적, 그렇기에 제가 내면의 적이라 부르는 그것들 말입니다. 제 안에 도사리는 것으로 보이는 건강치 못한 성향들,

이런저런 상처의 흔적들, 거리에서 마주친 사람들의 기분 나쁜 표정들, 무뚝뚝한 얼굴로 일관하던 서점의 여종업원 등 인생의 사건들 하나하나가 형제나 자매로 여겨질 수 있습니다. 제아무리 정신 나간 존재라도 삶이라는 흥겹고 고된 조건을 저와 마찬가지로 공유하는 입장입니다. 무조건적인 희열은 달리 얻어지지 않습니다. 완전한 세상도, 루미가 말하는 수십만 우주도 그것을 줄 수 없습니다. 오히려 어설픈 의혹과 자잘한 상처들 가운데 무조건적인 희열이 숨어 있습니다. 그것은 추상적 개념이 아닙니다. 무조건적인 희열이란 바로 지금입니다. 지금 당장 말입니다.

두려움,

나를 파괴하는 생각들에 대하여

✕

새들하고 싸우지 마.

(……)

그냥 낮에 파란 하늘 한 귀퉁이가

살짝살짝 드러날 때를 틈타

한 번씩 쳐다보는 게 나을 거야.

- 졸리앙의 어느 친구

제 딸이 하는 말이 종종 심각한 진단처럼 들릴 때가 있습니다. 가령 "아빠는 세상만사가 다 무섭나 봐"라고 할 때가 그렇습니다. 내려놓는 삶의 자세라든가, 신이든 인생이든 신뢰하는 태도가 자주 서툰 이유는 무엇보다 두렵고, 불안하고, 걱정스럽기 때문입니다. 공포恐怖 여사께서 툭하면 저를 찾아오십니다. 온갖 이상야릇한 추측과 가설들이 제멋대로 머릿속을 파고들어 엉망으로 뒤흔들어놓지요. 거의 자욱한 안개 속을 더듬는 격입니다. 매일 아침, 무진장한 안개층을 벗어나 평화에 이르기 위해 비행기라도 잡아타야 할 지경입니다. 제 딸이 풀밭에서 놀고 있군요. 손으로 웬 고깃덩어리를 하나 만지작거리고 있는데, 보아하니 새가 날아가다 떨어뜨린 모양입니다. 순간, 제 머릿속은 수많은 생각들로 들끓고 그중 최악의 경우를 상상하기 시작하지요. 만약 그 고깃덩어리가 공수병恐水病에 걸린 여우의 입에 닿았던 거라면, 제 딸은 길어야 몇 주일 만에 끔찍한 고통을 겪으며 죽어갈 겁니다. 이러는 저 자신을 정말 내려놓고 싶습니다. 삶을 그냥 믿고 싶은 마음이 굴뚝같아요. 하지만 그러다가 탁 막혀버립니다. 현재에 충실하고 세상과 하나가 되라는 조언도 많이 듣지요. 그거야 저도 다 아는 얘깁니다. 하지만 어떻게요? 저 자신이 지금 놓인 처지를 분명히 짚고 넘어갈 때인 것 같습니다.

하루 한 시간 명상을 하는 것은 제게 큰 도움이 됩니다. 그 한 시간 동안 머릿속에 떠오르는 생각들을 무엇 하나 내치거나 거기에 매달리지 않고 그냥 그대로 지켜보지요. 그러면 생각들이 마치 열차처럼 천천히 지나갑니다. 저는 그걸 지나가게 내버려두고요. 간혹 지나치게 시끄러운 객차들이 있는데, 역시 지나가게 놔둡니다. 불안의 객차들을 지나가게 내버려둡니다. 공수병 걸린 여우들이 득실거리는 객차도 지나가고, 다발성 경화증을 않는 객차, 교통사고로 가득 찬 객차, 암 객차, 백혈병 객차 등등 줄줄이 잘도 지나가는군요. 지나가게 내버려 두고 보니, 그 자체가 위안이네요. 그러다가 어떤 생각, 대개는 가장 지독한 놈이 나타납니다. 아이의 죽음이랄지, 임종의 자리에 누운 가까운 지인의 악몽 같은 모습, 심지어는 길거리에 산산조각 흩어진 친구의 시신……. 저는 그 생각들이 저를 파괴할 여유를 주지 않고, 재빨리 지나가게 놔둡니다. 마치 온갖 괴물들이 난리 북새통을 벌이는 영화 한 편을 보는 듯합니다. 하지만 종이 울리고 현실 속으로 되돌아오면서, 저는 공수병에 감염된 고깃덩어리가 여전히 저를 두렵게 만들고 있음을 확인해야만 하지요. 제 딸은 이제 끔찍한 고통을 겪으며 죽어갈 겁니다. 풀밭에 던져진 수상한 고깃덩어리에서 2.5미터 되는 지점을 지나갔으니 말입니다.

  하루는 마티외 리카르Matthieu Ricard* 스님이 제가 수없

---

* 파스퇴르연구소에서 세포 유전공학을 연구하던 과학자였으나 티베트로 떠나 승려가 된 인물

이 읽고 또 읽은 내용을 다시금 상기시켜주었습니다. 그분의 입을 통하니 색다른 느낌으로 다가오더군요. 명상 수행이란 텅 빈 상태를 바라보는 일이며, 텅 빈 상태 속에서 모든 긴장을 이완시키는 거라는 이야기 말입니다. 그것은 자신의 생각들을 새를 보듯 물끄러미 바라보는 일이기도 합니다. 새가 지나가고 나면 항상 광막한 푸른 하늘이 펼쳐져 있지요. 불안과 두려움이란 여전히 그 새들한테만 시선이 고정되어 있음을 뜻합니다. 정작 중요한 것이 무엇인지를 잊은 거죠. 바로 하늘 말입니다. 고민이란 시야를 가린 새 떼에 불과합니다. 잠시 숨을 고르고 정신 속을 들여다보면, 거기 까마귀, 맹금류를 비롯한 온갖 새들이 무리를 이루어 날갯짓하는 게 보일 겁니다. 제가 어느 여자친구한테 물었습니다. "새 한 마리 지나가는 거야 어려운 일이 아니지. 하지만 그 수가 무진장일 땐, 어떻게 해야 그 너머의 텅 빈 하늘을 볼 수 있지?" 그녀가 이러더군요. "새들하고 싸우지 마. 날개 달린 짐승은 함부로 쫓는 게 아니야. 그냥 낮에 파란 하늘 한 귀퉁이가 살짝살짝 드러날 때를 틈타 한 번씩 쳐다보는 게 나을 거야."

그 말을 들은 후로 저는 새들만 응시하는 버릇이 없어졌습니다. 어차피 한곳에 머물지 않고 휭하니 지나가 버리는 떠돌이들이니까요. 대신 저는 드문드문 보이는 파란 하늘 조각에 집중합니다. 벌써부터 그곳에 있어온 평화, 붓다의 본질을 말입니다. 제 인생에 그토록 짙푸른 하늘이 펼쳐져 있다는 걸 깨닫고는 얼마나 놀랐는지 모릅니다. 새 떼들 뒤쪽에 펼쳐진 푸른 하늘을 본다고 해서 불안과 고뇌 자체를 부정하는 것이 아닙니다. 단지 자꾸만 자기 시야를 제한하고, 안 좋은 것에만 집중하는 고질적인 버릇을 뜯어고치자는 것이죠. 스즈키 순류鈴木俊隆 선사*는 정신이란 광대하다고 말했습니다. 거기에 불안을 입힐수록 스스로를 가두고, 제한하는 것이죠. 말이야 쉬워도 실행하기는 어려울 겁니다. 하지만 한 마리 또 한 마리 새가 날아가는 것을 지켜보노라면 어느새 그 너머 광대한 정신 속으로 빨려들어가는 날이 오지 않겠습니까?

---

* 1960년대 미국 최초의 선원 다사하라 선 센터를 창설한 일본의 선사

타인과의 만남,

자기로부터 벗어나
잠시 휴식을 취하는 시간

✕

사람은 자신의 인격을 위조하고,

스스로 작정한 모습에

자신을 맞추기 위해 평생을 애쓴다.

- 사르트르

영성의 길에 뛰어드는 이유는 무엇일까요? 왜 매일 좌선을 하는 거죠? 기도는 왜 합니까? 그토록 어렵다면서 내려놓는 삶의 태도를 왜 감행하는 건가요? 우리는 종종 삐딱한 우회로를 통해 영성의 길로 접어드는 것 같습니다. 우리의 발걸음을 이끄는 열망은 전적으로 자아도취적이지요. 사람들은 보통 초자아, 고통이 없는 자아, 고통을 극복한 존재가 되려는 욕심에 마음을 수행합니다. 하지만 타인과 관련해서는 별로 대단한 일을 하지 않습니다.

그냥 소박하게, 왜 성당이 마을 한복판에 위치했을까를 생각해봅시다. 아리스토텔레스가 이야기했다시피, 저는 우리가 정치적 동물이라고 생각합니다. 우린 사회 안에서 살아가지요. 우린 타인 덕분에, 만남을 통해 살아갑니다. 사람들과의 만남을 통해 다져지고 부서지는 과정이 없었다면, 저는 이미 이 세상 사람이 아닐 겁니다.

사람들은 서로에 대한 의존을 두려워합니다. 제가 어렸을 적 학교에서는 자율적이 되어라, 혼자 모든 걸 해결해나가라고 가르쳤습니다. 오늘에 와서 저는 아무 보호책 없이 벌거벗은 알몸으로 타인에게 다가가기 위해 그때의 가르침을 다시 생각해봅니다. 다행스럽게도 저는 타인의 영향을 많이 받은 몸입니다. 동굴 속 은자처럼 살 생각이 없는 한, 타인이 존재하지도 않는 듯 행동할 수 없는 입장입니다. 그뿐만 아니라, 저는 인간의 목소리도 타인이라는 벽에 부딪쳐야 메아리로 울릴 수 있다고 믿는 사람입니다.

강연을 나가 보면 장애인과 우연히 마주쳤을 때 어떻게 해야 하느냐는 질문을 종종 받습니다. 저도 그럴 기회가 좀 있으면 좋겠습니다. 그럼 장애인을 만나는 특별한 기술에 관해 생각을 해볼 텐데 말이죠. 타인을 만나면서 자신을 내려놓으려면 어떻게 해야 할까요?

타인을 만난다는 것은 자기로부터 벗어나 잠시 휴식을 취하는 걸 뜻합니다. 저는 가장 큰 고통이란 우리를 자신 속으로 욱여넣고, 보잘것없는 자아 속에 가두는 데서 온다고 생각합니다. 결국에는 그 속에 틀어박혀 곰팡내만 맡아야 하는 신세 말이죠! 타인을 만나는 것은 그런 자기를 벗어버리고, 그동안 타인에게 투사해온 모든 것도 벗겨내는 것이라 할 수 있습니다. 스피노자는 자신이 조작한 정신적 범주 속에 타인을 가두고자 하는 유혹을 이렇게 설명했습니다. "내가 이런 식으로 경험한 것은 남도 똑같이 경험해야 한다." 그런가 하면 타인을 무조건 내가 아닌 존재, 상대방, 적으로 여기는 것 또한 비극이지요. 사실 타인과의 만남은 자아와 비자아의 구분을 깨트리는 것이며, 그 같은 대결 구도에 종식을 고하는 행위입니다. 저로 말하자면, 타인을 만난다는 것이 자신을 발가벗겨 알몸이 되는 거라는 확신이 갈수록 커집니다. 베네딕토 수사님을 만나 이런 말씀을 들은 뒤부

터, 저 역시 저와 마주치는 사람들을 수사님과 같은 눈
으로 바라보려고 노력합니다. "자네는 여기서 어떤 행동
도 할 수 있지만, 자네에 대한 나의 애정을 거두게 만들
지는 못할 거야."

타인과의 마주침은 우리가 가진 편견을 내려놓게 만
듭니다. 우연한 만남을 위해 대비하는 일은 있을 수 없
지요. 거기에 정해진 형식은 없습니다.

제 아버지가 돌아가시기 직전, 아무 말도 하지 못하실
때, 사람들이 이야기를 하지 못해 얼마나 안달이고, 임
종의 적막을 깨트리기 위해 또 얼마나 애쓰는지를 보고
는 무척 놀란 적이 있습니다. 날씨 이야기, 꽃 이야기 등
등 당장 눈앞에서 죽어가는 아버지와는 한참 동떨어진
모습들이었습니다. 만남이란 또한 잘못 내딛는 발걸음을
무릅쓴다는 뜻도 됩니다. 타인에게 다가가기 위한 정답
매뉴얼 따위는 없습니다. 그저 약간의 호기심이 전부죠.

타인을 만난다는 것은 또 다른 세상을 향해 다가가는
것을 의미합니다. 자기 자신으로부터, 자신의 기준으로

부터 벗어나고, 자기 껍질, 갑옷을 벗어버리는 것, 우리가 연기해온 역할들에서 탈피하는 것이죠.

저는 누군가와 만날 때 스스로에게 이렇게 묻습니다. '지금 나는 그의 말에 전적으로 귀 기울이고 있는가?' 얼마 전에 한 친구가 놀라운 기사를 하나 읽어보라 권하더군요. (지금은 그 이름을 잊었지만) 어느 미국 심리학자가 연구결과를 발표했는데, 사람은 타인에게 관심을 가질수록 자기가 바라는 것을 얻을 가능성이 커진다는 내용이었습니다. 그걸 저는 직접 테스트까지 해보았지요! 하루는 큰 애 둘을 데리고 슈퍼마켓에 장을 보러 갔습니다. 물건을 주체할 수 없을 만큼 잔뜩 사든 상태였는데, 그대로 여자 점원에게 다가가 얼떨결에 "안녕하세요?" 하고 인사를 건넸죠. 그러자 그분이 활짝 웃으며 인사를 받는 건 물론, 쇼핑백에 물건들을 차곡차곡 정리해주더니 들기 편하게 쥐여주는 것이었어요. 두 사람 사이에 진정한 교류가 일어났던 거죠. (그 이후로는 그 여자 점원과 같은 식으로 대면한 적이 없답니다.)

워낙 기분 좋은 경험이라, 혹시 그때만 작위적으로 취

한 행동은 아닐까 하는 의문이 들더군요. 하지만 그건 아닐 거라고 믿어요. 물론 사업상 처음 대하는 사람과의 관계를 원만히 하기 위해 일정한 '테크닉'을 활용할 수는 있겠죠. 타인이 내게 가져다줄 이득에만 집중케 하는 테크닉 말입니다. 하지만 단순하게 타인과 어울리는 일도 얼마든지 가능하다고 봅니다. 저는 그때 그 작은 경험을 통해, 남을 이용하려는 기계적 반사 행동을 거스르는 것도 괜찮은 태도임을 실감하게 되었죠. 자연으로의 정당한 회귀라고나 할까요. 현실의 섭리로 돌아가는 것, 불교 신자라면 카르마, 기독교인이라면 은총으로의 회귀가 되겠죠. 거기엔 뿌린 대로 거둔다는 원칙이 지배합니다. 여자 점원 이면에 여자 점원만을 보지 않는 것. 이쯤에서 다시 떠오르는 게 《금강경》의 말씀이지요. "여자 점원은 여자 점원이 아니니, 바로 그래서 내가 이를 여자 점원이라 이르니라."

사르트르는 기만, 즉 허위의식에 관해 아주 잘 표현했지요. 사람은 자신의 인격을 위조하고, 스스로 작정한 모습에 자신을 맞추기 위해 평생을 애씁니다. 이상화

된 자기 이미지를 만든 다음, 아침부터 저녁까지 그 아득한 이미지에 부응하겠다며 발버둥을 치는 거죠. 그러다 결국 낭패를 보는 거야 두말할 필요 없고요. 허위로 구축한 자기 이미지와 실제 자기 자신 사이의 괴리로 인해 엄청난 고통에 직면함은 물론 내적으로도 심각한 지리멸렬 상태에 빠집니다.

끊임없이 반복되는 내밀한 연극 속에서 한 개인이 감당해야 하는 고통은 이루 말할 수가 없습니다. 관심을 받기 위해서 하는 연기, 사랑을 받기 위해 하는 연기…… 그로부터 조건 없이 사랑받고자 하는 갈망만 터무니없이 커집니다.

내면의 자유를 향한 길 중 하나는, 사람들이 흔히 생각하듯, 자아상을 긍정하는 데 있지 않습니다. 그냥 내가 나라는 사실에서 찾아야 하죠. 더도 덜도 아닌 그냥 '나', 그러면서 남에게 활짝 열린 존재 말입니다.

웃음,

가장 비극적인 순간에도
존재하는 것

✕

기쁨이 내 안을 지나가고,

슬픔 역시 내 안을 지나간다.

그것들은 모두 오고 가나니,

그 어디에도 정착하지 않는다.

- 혜능

◑

웃음은 자유의 도구가 되어줄 수 있습니다. 영적 수양과 철학 모두가 웃음을 불신하는 게 저는 안타깝습니다. 다 그렇다기보다는, 일부 저자들에게서 그런 경우를 목격할 수 있지요. 저의 경우도 무척이나 웃음을 불신하는 편이었습니다. 어렸을 적 제게 웃음은 두 가지 양상으로 나타났습니다. 우선 저의 몸뚱어리 때문에 터지는 웃음입니다. 평소 지나다니는 길목에서 저는 몸을 숨겨 남의 눈에 띄지 말아야 한다는 절박한 마음에 종종 시달리곤 했지요. 저를 업신여기고, 심지어 잔인하게 죽여버릴 수도 있는 그 웃음을 유발하지 않으려고 말이죠. 또 다른 양상은 겉으로만 웃는 웃음입니다. 저는 공립학교에 입학하기 위해 종종 어릿광대 노릇을 해야 했습니다. 심각하게 보이지 않으려고 그런 거죠. 서먹한 분위기를 떨쳐버릴 약간의 유머 기질을 발휘했다고나 할까요. 그러다 보니 유머라는 것도 존재의 심연으로부터, 즉 불성으로부터 우러나오는 것일 수도 있겠다는 생각을 하게 되었습니다. 사람이 스스로 우스꽝스러워지려고 애쓰는 것보다 더 서글프고 한심한 일은 없습니다. 보통의 경우, 비참하게 느껴지기 마련이지요. 그럼에도 저는 실없는 소리를 하고, 저 자신을 희화화하려고 애씁니다. 삶을 심각한 것으로 생각하지 않기 위해서지요. 자신을 희화화하는 것이지, 타인을 비웃는 것이 아닙니다. 한 친구가 종종 이런 말을 합니다. "무얼 가지고 웃어도 좋지만, 남을 비웃어서는 안 된다." 웃음이란 결코 타인을 해치는 것이 아닙니다. 웃음은 삶을 위해 봉사합니다. 그것은 삶이 아직 우세하다는 증거입니다. 아버지의 임종을 지키면서, 그 마지막 시간 동안, 저는 삶에 대한 믿음이 마치 끊임없이 위협받는 불꽃처럼 나약하면서도 끈질기게 살아 이어지는 모습을 목격했습니다. 존재의 가장 비극적인 시간에도 웃음은 부재하지 않는다는 것을 그때 절실히 느꼈지요. 오히려 정반대의 상황이었습니다. 물론 만찬이 무르익을 무렵에 터져나오는 떠들썩한 웃음은 아니었습니다. 그것은 삶을 지지하는 웃음, 차라리 미소에 가까웠습니다. 사람이 웃을 때, 즉 유쾌함이 절로 터져나올 때, 자아는 달리기 시작하고 삶은 제약 없이 그 모습을 드러내는 것 같습니다. 해를 거듭할수록 제게 자양분이 되어주는 아름다운 텍스트가 하나 있지요.

에티 힐레숨은 일기에 이렇게 적고 있습니다. "아무리 중요한 것이라도 어떤 문제 하나로 인해 삶이 정체되어 있으면 안 된다. 삶의 거대한 흐름은 결코 멈춰서는 안 되는 것이다." 이는 육조대사 혜능의 유명한 원칙이기도 합니다. 그 무엇에도 멈추지 마라! "기쁨이 내 안을 지나가고, 슬픔 역시 내 안을 지나간다. 그것들은 모두 오고 가나니, 그 어디에도 정착하지 않는다."*

그럼 이제 우리 삶의 중심에 과연 무엇이 있는지 생각해보기로 하죠. 생활의 여러 문제들일까요, 우리 자신의

---

* 혜능, 《육조단경》 제17장

콤플렉스일까요, 우리가 맡은 사회적 역할들일까요, 아니면 타인의 존재일까요? 내 인생의 중심은 무엇일까요? 내 인생에 방향을 부여하는 것은 무엇일까요? 분명 웃음은 집착하지 않게 합니다. 우선 우리 자신을 두고 웃는 일부터 시작해보죠. 그 자체로 건설적인 일이거든요. 근심, 걱정이 비집고 들어올 여지가 없습니다. 자신을 두고 웃는 바로 그 순간부터, 모든 것은 수행修行이 됩니다. 저는 저 자신의 아집을 놓고도 웃을 수 있습니다. 비웃음과는 달리, 웃음은 모든 자아도취적 집착을 뿌리째 뒤흔들어 우리로 하여금 앞으로 나아가게 해줄 삶의 도구가 될 수 있습니다. 저는 사회의 여러 관습과는 한참 거리가 있는 유년 시절을 보냈습니다. 사춘기는 그야말로 엉망이었고요. 그렇다고 딱히 잘됐어야 할 이유가 있는 건 아니지만, 어쨌든 그와 같은 경쾌함이 제게는 없었습니다. 가끔은 취기 속에서 그걸 찾으려고 시도한 적이 있지요. 일종의 억제 해소책 말입니다. 하지만 술잔 속에선 그런 걸 발견한 적이 없어요. 소위 정신줄을 놓게 만든다는 마약이나 불건전한 쾌락이 일정 부분 우리를 지배하는 것은, 그런 것들에 억제 해소 기능이 들어 있기 때문이지요.

간단한 수행법부터 시작해보죠. 자기 자신을 심각하게 생각하지 않는 겁니다. 이따금 저는 컨디션이 영 안 좋을 때, 오가다 마주친 사람이라든가 여론조사를 위해 전화를 걸어온 상담원을 웃겨보려고 한답니다. 제 딴에는 영적 수행 삼아 하는 거지만, 매우 즐겁고 경쾌한 도전이기도 합니다. 자기에게서 중심 이탈을 감행하는 지극히 '현실적인' 수행방법! 얼치기 바보 흉내가 아니라, 남을 기분 나쁘게 하지 않으면서 웃음의 샘물 속에 스스로 풍덩 뛰어드는 기분으로 말이죠. 때로는 친구 한 명과 서로 짜고, 지나치게 심각한 표정을 보이는 매표소 직원이나 민원창구 공무원을 상대로 '인상 펴주기' 게임을 벌이기도 합니다. 그때도 마찬가지로 웃음은 남의 심기를 해치지 않는 범위 내에서 이루어져야 하지요. 웃음과 비웃음은 엄연히 다르니까요. 그런가 하면, 흔히 말하듯, 웃음이 꼭 현실과 거리를 두는 데 있는 것도 아닙니다. 웃음이란 현실에서 도망치는 것이 결코 아니지요. 오히려 몸과 정신 모두 충만한 실존의 품속에 뛰어드는 것입니다.

단순함,

질문은 내려놓고 그냥 행복하라

✕

단순한 삶이란 어려운 것이다.

그것을 누리려면

아주 지적인 사람들보다 더한

사고력과 창의력을 가져야만 한다.

\- 니체

◑

도대체 어느 뮤즈가 영감을 불어넣었기에, 제 아들 오귀스탱이 아침에 일어나자마자 이렇게 소리치는 겁니까? "아빠, 인생을 꼭 단순하게 살아야 해요?" 이거야말로 제가 추구해야 할 삶의 중심 테마가 아닙니까! 정신은 아무런 문제도 없는 곳에서 자꾸만 문제들을 만들어내느라 안달입니다. 매일 밤 잠들기 전, 저는 제 양심을 놓고 아주 작은 시험을 치릅니다. 하루치의 기쁨을 갈무리하고 내일 고쳐야 할 점들을 살펴보게 해주는 이 작업은 보통 잠에 곯아떨어져 중단되기 마련이지요. 그것을 통해 딱히 저 자신이 교정된다고는 생각지 않습니다. 그보다는 삶이라는 것이 실존을 부풀리기보다 단순화하는 자잘한 습관들을 통해 간명해짐을 깨닫게 되지요. 니체가 쓴 다음 문장은 그런 점에서 제게 길잡이가 되어 줍니다. "단순한 삶이란 어려운 것이다. 그것을 누리려면 아주 지적인 사람들보다 더한 사고력과 창의력을 가져야만 한다."* 단순하다는 것은 복잡한 현상입니다. 벌거벗은 상태로 삶과 대면하는 것은 복잡한 일입니다. 삶을 복잡하게 만들고, 온갖 비교를 하며, 일어나지도 않을 상황을 기다리는가 하면, 영영 지나가버린 과거를 후회하느라 우리의 정신은 아침부터 저녁까지 죽을 고생을 하지 않나 싶습니다. 단순한 삶을 사는 것은 매사에 자신을 완전히 내려놓는 것입니다. 회한을 없애고 싶어하는 마음조차 가지면 안 됩니다. 마음속에 회한이 스며들면, 그대로 두는 것이죠. 아무 문제 없습니다.

단순한 삶은 자기 인생에서 주인 행세를 하는 것이 무엇인지 스스로에게 묻는 일로 시작합니다. 제 경우에 그것은 현실에서 부닥치는 온갖 문제들일까요, 신체 경련일까요, 정신적 긴장일까요? 그리고는, 그냥 살아가는

* 프리드리히 니체, 《방랑자와 그의 그림자》

겁니다. 언젠가 한 은둔 수도자를 만나 두 시간 정도를 붙잡고 질문을 퍼부어댄 적이 있습니다. 대화가 끝나갈 무렵, 그분은 제게 이런 말씀을 하셨지요. "당신은 항상 말을 돌리시는군요. 단순함, 집착 버리기, 삶의 희열을 찾고 계신다고요? 그 모두 다 이미 당신은 갖추고 있습니다. 그러니 질문은 그만 내려놓으십시오. 모든 걸 내려놓고, 그냥 행복하세요." 저는 그 "행복하세요"라는 말씀에 눈물이 날 정도로 감동했습니다. 맞아요, 저는 삶을 복잡하게 만들고 있었습니다. 온갖 비법들만 찾아 헤매고 있었던 거죠. "수사님, 제 인생을 바꾸게 도와주세요! 이 모든 상처를 제게서 떨쳐내주세요!" 수사님은 그런 저에게 아무것도 바꾸려 들지 말고 다시 시작하라는 가르침을 주신 거고요.

단순함이란 자신을 받아들이는 것 이상의 무엇이 수반되어야 가능합니다. 받아들이되, 무한한 호의로 받아들여야 하지요. 아들아, 오늘 너는 이 아빠에게 중요한 걸 가르쳐주었단다. 내가 명상을 하면서 살짝 엿보기만 한 것을 너는 시원하게 드러내 보여주었어. 모든 걸 복잡하게 만드는 정신을 벗어나면 아무 문제도 존재하지 않는다는 사실! 장애는 문제가 아니란다. 내가 머리를 굴려 비교하고, 되돌아보고, 욕심을 부리면서부터 문제가 되는 것일 뿐. 부디 이 아빠가 우리 아들 오귀스탱의 말을 명심하고 항상 단순한 삶으로 회귀할 수 있기를……. 지금 이대로!

있는 그대로 소탈하게,

삶에 바짝 다가가
실존 속으로 돌아가라

✕

지금 앉은 자세가

마음에 들지 않아도,

그냥 받아들여

그 자세를 그대로 취하십시오.

-하라다 선사

◐

우리의 탐구를 마무리하면서, 제가 행해온 선 수행禪修行을 특징짓는 몇 가지 중요한 생각들을 한 자리에 모아보는 것은 어떨까 합니다. 제가 선을 접하게 된 것은, 아시시의 프란체스코 성인께서 하신 말씀 그대로, '당나귀 형제' 때문 아니, 덕분이라고 하겠습니다. 제가 처한 육체의 현실은 보시다시피 감당하기가 쉽지 않지요. 그래서 저는 당나귀 형제를 등진 채 툭하면 관념 속으로 줄행랑치는 성향을 갖게 되었습니다. 그러던 중 어느 날 좌선을 간략히 소개하는 자리에 참석했는데, 그 앞서서 하는 명상(제게는 누워서 하는 명상이지만)을 시도해보니, 세상에! 온갖 철학적 개념들을 통해 그토록 추구해온 평안이 제 가슴 깊숙한 곳에 버젓이 자리하고 있는 것 아니겠습니까! 아마도 당나귀 형제인 제 육체가 그 평안에 이르는 여러 수단 중 하나였던 게지요. 아무것도 이루려 하지 말고, 누군가 되려는 욕심도 없이, 허세를 다 걷어내고, 앉든 눕든, 그냥 거기 그대로 있는 몸. 결국 저는 명철한 이성이나 논리보다 어리석은 당나귀 형제에게 더 큰 빚을 진 셈입니다. 덕분에, 평화가 아니기에 비로소 평화라 부를 수 있는 내면의 평화를 만나게 되었으니까요.

선에 다가가려면 먼저 숱한 오해들을 떨쳐내야만 합니다. 프랑스의 일부 자동차 전용도로에서 저는 이런 지시문을 본 적이 있습니다. "선禪에 머무세요Restez zen." 저에게 선이란 그냥 존재함에 만족하는 것입니다. 어떤 상태가 되고자 하는 것이 아니고요. 따라서 선이 지칭하는 어떤 상태가 되어 그대로 머물라는 말은 그 자체가 잘못된 발상이라 생각합니다.

선은 어떻게 요약될 수 있을까요? 매일 반복하는 저의 선 수행은 세 가지 중요한 원리에 의해 이루어집니다.

아니, 원리보다는 지침이라는 말이 낫겠군요. 그 첫째는 선불교의 육조대사 혜능에게서 나온 것입니다. 문맹이었던 그는《육조단경》을 구술하면서 자신만의 수행법을 펼쳤지요. 그중 한 문장이 저에게는 특별한 의미로 다가왔습니다. "우리가 하나의 생각에 멈추는 순간 생각의 흐름 자체가 멈추고 만다. 이것을 바로 집착이라 부른다." 이를테면, 처음 명상을 하려 할 때 저는 먼저 정신을 비워야 하고, 잡다한 사념들과 싸워야 한다고 생각했습니다. 그런데 혜능은 만약 제 머릿속 생각이 중구난방으로 흩어져, 내일에서 모레로, 기쁨에서 슬픔으로 순식간에 옮겨가고, 오락가락 갈피를 잡을 수 없다 해도 그건 중요한 문제가 아니라고 했습니다. 그 자체가 도구에 지나지 않는다고요. 짧은 순간에 온갖 일들이 머릿속에서 일어나지만, 전혀 문제가 되지 않습니다. 정작 문제는, 그중 하나에 제가 주의를 기울임으로써 발생합니다. 그중 하나에 저를 고정시킬 때 말이죠. 분노를 그냥 지나치도록 놔두지 않을 때, 슬픔이 제 갈 길을 가도록 있는 그대로 살아버리지 못해 내 안에 자꾸 지체하게끔 만들 때, 문제가 일어난다는 얘깁니다.

지금 제 머릿속에 당장 떠오르는 것이 바로 급류의 이미지입니다. 급류라는 것은 산꼭대기에서 낮은 평야로 자연스럽게 흐르지요. 정신도 마찬가지입니다. 생각들이 흐르면, 그대로 흘러가게 놔두어야 합니다. 반대로 분노와 증오에 스스로를 고착시키는 순간, 그것들로 인한 고통이 생겨나지요. 반면, 별의별 생각들이 머릿속에 출몰한다 해도 아무런 문제가 되지 않습니다. 가령 누군가가 너무 미워 목을 졸라버리고 싶은 마음이 일 때, 당황하지 말고 그 마음을 그냥 놔둡니다. 그러면 그 생각이 제 안에 머물지 않고 지나가버리지요. 생각이 머릿속에서 제풀에 빠져나가도록 나무라지 말고 너그럽게 풀어주는 겁니다. 생각에 주의를 기울이며 노려보는 것이 곧 그 생각을 붙드는 것이니까요. 티베트 불교에서는 우리 안에 출몰하는 생각들을 마치 어린아이들이 노는 광경을 구경하듯 바라보라고 가르칩니다. 언젠가 수영장에서 그와 비슷한 경험을 한 적이 있습니다. 그때 저는 물가에 있었고, 오귀스탱과 빅토린이 첨벙거리며 노는 모습을 바라보고 있었지요. 저는 무심한 상태로 아이들을, 그 사소한 동작들을 편안하게 구경했습니다. 아이들을 향한 그런 태도, 바로 그것을 명상하다 보면 제 감정들도 그대로 품어줄 수 있을 것입니다. 고래고래 소리를 질러대는 잡념들을 그런 태도로 너그러이 바라봐줄 수 있을 거예요.

둘째 지침은 이 책에서 줄기차게 언급된 것으로, 저의 인생을 구원해준 내용입니다. 다름 아닌 《금강경》의 유명한 후렴이죠. 혜능 선사도 바로 그 《바즈라체디카 프라즈냐파라미타 수트라》의 한 구절을 듣고는 깨달음을 경험했습니다. "붓다는 붓다가 아니니, 바로 그래서 내가 이를 붓다라 이르니라." 우리가 실재에 대해 안다고 믿는 모든 것은 바로 그 실재를 고착시키는 꼬리표들에 불과합니다. 삶을 그냥 놔두어야 합니다. 삶을 고정시키려는 욕심을 버리고, 삶과 더불어 그냥 춤추어야 합니다. 알렉상드르는 알렉상드르가 아니어서, 저는 그를 알렉상드르라 부릅니다. 이 책을 끝맺는 알렉상드르는 더 이상 이 책을 시작한 알렉상드르가 아닙니다.

제가 하는 행동, 저 자신의 상태에 스스로를 동일시할 때, 저는 가장 불행합니다. 《금강경》의 후렴은 제가 가진 편견과 저의 세계관을 폭파시키라고 끊임없이 권합니다. 저는 제 아내를 두 번 이상 만나지 못합니다. 제 아내가 순간순간 변하는 존재이기 때문이지요. 마음 같아서는 사진첩 속의 사진처럼 그녀를 고정시키고, 이전 모습으로 환원시키고 싶지만, 《금강경》은 그런 저에게 완전히 새로운 눈으로 아내를 바라보라고 타이릅니다. 실은 저 또한 매번 숨을 들이쉬고 내쉴 때마다 죽고 또 태어나는 존재죠. 삶에 모든 걸 내어주고 그로써 모든 걸 받아내야 합니다. 삶을 차지하려고 애쓸수록 삶으로부터 얻어낼 것은 줄어듭니다.

셋째 지침, 즉 지침이 아니기에 지침이라 부르는 그것은 운문 선승의 말씀에서 비롯됩니다. "그대가 걸을 때는 그냥 걷고, 그대가 앉아 있을 때는 그냥 앉아 있어라. 무엇보다 서둘지 마라." 일전에 화장실에서 어쩌다 보니, 참 대담하게도, 제가 이를 닦으면서 전화를 받고 있더군요. 운문 선승의 말씀에 따르면, 그 순간 두 가지 일이 허사가 되어버린 셈입니다. 현재를 왈가왈부하고 미래를 예상함으로써 끊임없이 저는 삶을 벗어나버립니다. 행동 자체를 향유하지 못하고, 내려놓음의 맛, 그 단순하고 즐거운 긍정의 묘미를 음미하지 못하지요. 그런 저에게 《금강경》의 후렴은 하루하루를 살아가도록 도와주고 구원해주는 특별한 도구라고 할 수 있습니다. 금강석이 자르지 못하는 것은 없지요. 금강석은 세상과 저 자신에 대해 제가 스스로 만들어낸 온갖 상념과 망상의 격자들을 싹둑싹둑 잘라내 허물어버립니다. 《금강경》의 말씀을 배운다는 것은 곧 집착하지 않는 법을 수행하는 것입니다. 《금강경》의 말씀을 실천함으로써, 우리는 우리를 엄습하는 고통에 더 이상 얽매이지 않게 되지요. 고통뿐 아니라 기쁨 속에서도 죽치고 앉아 있는 법이 없습니다. 그 무엇에도 정착하지 않습니다. 텐트를 치고 그 안으로 기어들어가는 순간, 고통이 시작되니까요. 우리는 대개 자기가 가진 것을 잃을까 봐, 생각한 것을 잊을까 봐 두려워하는데, 그건 곧 삶의 움직임을 피해 도망치는 꼴입니다.

하라다原田 祖岳 선사는 명상을 시작하는 법에 관한 아주 탁월한 가르침을 주었습니다. "앉으십시오. 그리고 보다 잘 앉으려는 생각을 버리십시오. 그렇지 않으면 좀 더 제대로 앉으려는 마음이 생깁니다. 지금 앉은 자세가 마음에 들지 않아도, 그냥 받아들여 그 자세를 그대로 취하십시오." 저는 이 가르침을 삶에 대한, 그냥 존재함에 대한 전적인 긍정의 정수로 이해하고 있습니다. 우리는 끊임없이 삶에 대한 판단을 내리며 살아가지요. 있는 그대로의 현실을 거부하게끔 자아가 프로그래밍되어 있는 것 같습니다. 무언가 항상 잘못 돌아가고, 양에 차지 않는 것처럼 보이지요.

이상 제 나름대로 요약한 선 수행의 세 가지 지침은 있는 그대로 소탈하게, 삶에 바짝 다가가, 실존 속으로 돌아갈 것을 우리에게 권하고 있습니다.

DoM 017

질문은 내려놓고 그냥 행복하라
꺾이지 않는 마음을 위한 인생 수업

초판 1쇄 인쇄 | 2023년 2월 28일
초판 1쇄 발행 | 2023년 3월 30일

지은이 알렉상드르 졸리앙
옮긴이 성귀수
펴낸이 최만규
펴낸곳 월요일의꿈
출판등록 제25100-2020-000035호
연락처 010-3061-4655
이메일 dom@mondaydream.co.kr

ISBN 979-11-92044-23-1 (03190)

'월요일의꿈'은 일상에 지쳐 마음의 여유를 잃은 이들에게 일상의 의미와 희망을 되새기고 싶
다는 마음으로 지은 이름입니다. 월요일의꿈의 로고인 '도도한 느림보'는 세상의 속도가 아닌
나만의 속도로 하루하루를 당당하게, 도도하게 살아가는 것도 괜찮다는 뜻을 담았습니다.
"조금 느리면 어떤가요? 나에게 맞는 속도라면, 세상에 작은 행복을 선물하는 방향이라면 그게 일상의 의
미이자 행복이 아닐까요?" 이런 마음을 담은 알찬 내용의 원고를 기다리고 있습니다. 기획 의도와 간단한
개요를 연락처와 함께 dom@mondaydream.co.kr로 보내주시기 바랍니다.